武德
Wu De

A Ética do Kung Fu para o Brasil de Hoje

Danillo Cocenzo

武德
Wu De
A Ética do Kung Fu para o Brasil de Hoje

MADRAS®

© 2018, Madras Editora Ltda.

Editor:
Wagner Veneziani Costa

Produção e Capa:
Equipe Técnica Madras

Revisão:
Jaci Albuquerque de Paula
Ana Paula Luccisano

Dados Internacionais de Catalogação na Publicação (CIP)
(Câmara Brasileira do Livro, SP, Brasil)

Cocenzo, Danillo
Wu De: a ética do Kung Fu para o Brasil de hoje/Danillo Cocenzo. – 1. ed. – São Paulo: Madras, 2018.
ISBN 978-85-370-1123-2

1. Artes marciais 2. Ética 3. Kung Fu 4. Kung Fu – Brasil 5. Kung Fu – Técnicas I. Título.

18-12668   CDD-796.815

Índices para catálogo sistemático:
1. Brasil: Kung Fu: Artes marciais 796.815

É proibida a reprodução total ou parcial desta obra, de qualquer forma ou por qualquer meio eletrônico, mecânico, inclusive por meio de processos xerográficos, incluindo ainda o uso da internet, sem a permissão expressa da Madras Editora, na pessoa de seu editor (Lei nº 9.610, de 19/2/1998).

Todos os direitos desta edição reservados pela

MADRAS EDITORA LTDA.
Rua Paulo Gonçalves, 88 – Santana
CEP: 02403-020 – São Paulo/SP
Caixa Postal: 12183 – CEP: 02013-970
Tel.: (11) 2281-5555 – Fax: (11) 2959-3090
www.madras.com.br

武 德

Wu　　　De

"Ética Marcial"

Nota do Editor

A Madras Editora não participa, endossa ou tem qualquer autoridade ou responsabilidade no que diz respeito a transações particulares de negócio entre o autor e o público.

Quaisquer referências de internet contidas neste trabalho são as atuais, no momento de sua publicação, mas o editor não pode garantir que a localização específica será mantida.

Índice

Dedicatória 11
Introdução 13
Prefácio 15
  1 Reflexão sobre o Wu De: as Duas Moralidades 19
  2 Uma Visão sobre a Humildade 25
      Virtude com que Manifestamos o Sentimento
      de Nossa Fraqueza 26
      Modéstia 27
      Demonstração de Respeito, de Submissão 28
  3 O Duro Caminho da Lealdade 31
      Lealdade em Seus Relacionamentos 31
      Lealdade com as Organizações 32
      Lealdade a Si Mesmo 35
  4 A Rara Joia Chamada Respeito 37
      Respeito por Você Mesmo 37
      Respeito pelos Outros 39

5 Justiça para Todos 43
    Dever 43
    Direito..45

6 A Confiança é a Cola Que Une os Relacionamentos 49
    Autoconfiança...50
    Confiar nos Outros 51
    Ser Confiável..53

7 Honestidade: Quando o Discurso
e a Prática Se Alinham..55
    Honestidade Pessoal..56
    Honestidade Corporativa................................58

8 A Virtude do Herói 61
    Coragem em se Expor 62
    Coragem para Mudar 64
    Coragem para Admitir o Fracasso.................66

9 Perseverança: o Dom dos Verdadeiros Campeões.........69
    A Perseverança Física, Resultado
    do Impulso Mental..70
    Perseverança em Hábitos, Resultado
    do Impulso Mental..72

Índice

10 A Suprema Virtude dos Deuses 77

11 A Chama Eterna
(e Por Que os Perdedores Morrem de Frio)....................83

12 A Potência da Alma 91

    A Principal das Potências da Alma, que Inclina
ou Move a Querer, a Fazer ou a Deixar
de Fazer Alguma Coisa...92
Energia, Firmeza de Ânimo, Fortaleza e Perseverança
no Querer ou Realizar 93
Resolução 95

13 Cara Grossa, Coração Negro 97

    Cara Grossa...98
Coração Negro 100

14 Conclusão..107

    Referências..109

Dedicatória

Dedico esta obra para todos os alunos do Templo Shaolin de Kung Fu (TSKF – Academia de Kung Fu), por estarem conosco nesta jornada sem fim, chamada Kung Fu. Que essa jornada seja sempre repleta de desafios e vitórias.

Uma menção especial ao Mestre Gabriel Amorim por toda a paciência em seguir me ensinando o Kung Fu e, mesmo após tantos anos e ensinamentos, dá o exemplo e continua se aprimorando, para que cada um de seus discípulos veja o bom exemplo e o siga.

Agradeço também aos amigos de nossa grande família, mestres que partilham conosco seu conhecimento e nos permitem enxergar além do horizonte. Em especial, agradeço ao Mestre Nelson Ferreira e ao Mestre Edilson Moraes, por trabalharem pelo fortalecimento do Kung Fu.

Introdução

É muito comum as pessoas se referirem à "Filosofia das Artes Marciais" como uma ferramenta de desenvolvimento pessoal. No TSKF, escola onde aprendo e também ensino o Kung Fu, não cremos na existência de tal filosofia, mas acreditamos no desenvolvimento pessoal. E para esse desenvolvimento pessoal, o Wu De é uma ferramenta fantástica, como veremos ao longo dos próximos capítulos.

Antes de continuar, se o leitor não sabe, uma rápida explicação sobre o que é o Kung Fu, também conhecido como Wushu, Kuo Shu ou Guo Shu: é uma arte marcial de origem chinesa que possui três pilares fundamentais: Saúde, Controle e Marcialidade (capacidade de atacar e de se defender de um inimigo).

Dentro do aspecto Saúde, é importante saber que este não diz respeito apenas à saúde física, bastante negligenciada no Brasil de hoje, mas o aspecto também engloba a saúde mental. A qualidade dos seus pensamentos e como você os direciona também fazem parte da sua saúde. E a Ética Marcial do Kung Fu é a forma de trabalharmos nossos pensamentos.

Preferimos o termo "Ética Marcial" em vez de "Filosofia das Artes Marciais" por uma razão simples: por mais que, em essência, conduzam ao mesmo caminho, quando falamos em "filosofia" isso pode levar a uma associação com práticas dogmáticas ou religiosas. É comum algumas linhas ou escolas adotarem o Kung Fu associado ao aspecto da religiosidade, não achamos isso errado, mas nós preferimos agir de outra maneira, dissociando completamente esses dois aspectos. Acreditamos que é possível desenvolver o Kung Fu de forma independente e respeitando a religião de cada um.

Por isso o Wu De é importante. Quando falamos em ética, nos referimos a um código de conduta, uma sugestão de boas práticas internas e externas, que não se chocam com quaisquer crenças, apenas as complementam.

Espero que os capítulos a seguir possam levar à reflexão e ao seu crescimento pessoal, por meio de pensamentos e atitudes.

Danillo Cocenzo

Prefácio

Quando li o livro *Kung Fu – um Caminho para a Saúde Física e Mental*, que o Mestre Gabriel escreveu em 2004, dizendo que seu primeiro contato com o Kung Fu foi por meio do seriado de TV de mesmo nome, chamado "Kung Fu", protagonizado por David Carradine, fiquei surpreso com a tremenda coincidência. Não pelo fato de ter sido o meu primeiro contato com essa arte, mesmo porque eu já tinha assistido a outros filmes de Kung Fu, mas por esse seriado ter chamado a atenção do mestre da mesma forma que chamou a minha, ou seja, não pelas cenas de luta, mas pela essência da "filosofia de vida" transmitida pelo protagonista.

Há alguns anos, quando assisti a esse seriado pela primeira vez, fiquei ainda mais maravilhado com essa tão nobre arte marcial, pois foi com esse filme que comecei a ver a profundidade e o impacto que o Kung Fu poderia ter na vida de alguém, tanto pelo aspecto marcial quanto moral.

Hoje sabemos que essa mesma "filosofia de vida", a qual o Mestre Gabriel apontou, se refere a um termo chamado de Wu De, um tanto desconhecido para muita gente, que ele sabiamente preferiu substituir pela expressão "filosofia de vida", que não tinha o mesmo significado em essência, mas que denotava o mesmo sentido para o senso comum, para a grande maioria das pessoas.

Esses aspectos dificilmente são aplicados nos filmes de artes marciais de hoje em dia e, quando são, o fazem de forma incompleta ou desordenada. Provavelmente, você, leitor, assim como eu já deve ter pensado em como seria bom se tivéssemos um manual contendo um conjunto de virtudes que pudessem nos guiar em relação à prática da ética marcial. E se eu dissesse que esse manual está em seu poder neste exato momento? E se eu dissesse que aquelas atitudes de "herói" que você assistia ou assiste nos filmes de Kung Fu pudessem ser realmente desenvolvidas e praticadas? E se eu dissesse que mesmo que você não seja praticante de artes marciais, o Wu De o ajudaria no desenvolvimento pessoal da mesma forma, já que se trata de virtudes e regras de boa conduta? Será que você teria a coragem de se aventurar pelo difícil e altamente gratificante caminho do Wu De?

O autor, Shifu Danillo Cocenzo, é uma das pessoas mais brilhantes que conheço, além de possuir e utilizar a inteligência linguística, tão importante e necessária nos dias atuais. É também um empresário de sucesso dentro do Kung Fu, o qual escreveu esta obra com conhecimento de causa, pois aplica esses conceitos no seu dia a dia, tendo, inclusive, palestrado sobre esse tema.

Prefácio

    Caro leitor, convidamos você a se aprofundar nesse mundo fantástico de conhecimento sobre o Wu De, para que possa saber a qual "músculo" você está dando mais importância, o do seu físico ou o da sua essência.

    Boa leitura!

Mestre Luiz Fabiano do Nascimento

Reflexão sobre o Wu De: as Duas Moralidades

O Wu De é composto por dez palavras que constituem a Ética Marcial do Kung Fu (das Artes Marciais Chinesas, para ser mais exato). As cinco primeiras palavras se referem ao que é chamado de Moralidade de Ação. As cinco palavras seguintes falam sobre o que é conhecido como Moralidade da Mente.

Portanto, ao Wu De original foram adicionados dois novos termos, falaremos mais deles. Buscando a visão do Mestre Gabriel, percebemos que o Kung Fu na nossa escola, o TSKF – Academia de Kung Fu, requer o que pode ser chamado de "quilômetro extra", um esforço adicional, aquelas flexões de braço a mais que todos fazemos, ou deveríamos fazer, para chegar um pouco mais longe em relação às pessoas comuns.

Assim, destacaremos, os dois termos que foram adicionados ao Wu De original, de acordo com a visão do TSKF sobre a Ética Marcial. Vamos explicar agora o que são as duas Moralidades descritas.

A Moralidade de Ação é como um código de condutas, regras e comportamentos que explicam quais valores podem dirigir suas ações no dia a dia, as coisas que você faz, seja numa rotina ou não, e como você faz cada uma delas. As seis Moralidades de Ação que trataremos aqui são as seguintes:

Humildade

Lealdade

Respeito

Justiça

Confiança

Honestidade

Observem que essas virtudes estão intimamente relacionadas com o verbo AGIR. Agir com respeito, com justiça, etc. E esse conceito de ação também tem um significado importante no Wu De.

Imagine que o Wu De era ensinado para estudantes de artes marciais na Antiga China, que talvez viessem de uma origem muito pobre, sofrida ou sem acesso a qualquer tipo de educação formal. Ignorantes, por assim dizer.

Ensiná-los por intermédio de extensas teorias, eventualmente esbarrando na barreira da leitura e da escrita, seria extremamente demorado e sem frutos ao longo dos primeiros anos, além de altamente desmotivante.

Mas ensinar apenas o Kung Fu, sem nada além de movimentos, seria igualmente insuficiente, afinal, qual é o destino de uma pessoa que tem um bom Kung Fu, mas não tem nenhuma moral desenvolvida junto com ele? Mesmo nos dias de hoje, quando vejo isso, posso dizer este destino: um talento que fica pelo caminho da Vida.

Aí é que entram as Moralidades de Ação. Imagine uma pessoa que não sabe o que é respeito, por exemplo. Ao iniciar a prática do Wu De, em conjunto com o seu treino de Kung Fu, ela é direcionada a agir com respeito e orientada de diferentes maneiras a usá-lo da devida maneira.

Se a motivação desse artista marcial for grande, gradativamente o respeito será incorporado nas ações do seu cotidiano, primeiro no momento do seu treino e, posteriormente, para as demais partes do seu dia. Essa mudança é possível por conta da percepção de respeito que ele obteve, de maneira mais ou menos forçada, por um contexto. Nesse caso, o contexto foi a prática do Kung Fu.

O processo de mudança ocorreu de fora para dentro. A prática do respeito começou fora da pessoa e depois foi migrando para dentro dela, sendo incorporada e tornando-se parte do indivíduo, que assim, finalmente, evoluiu e cresceu usando o Kung Fu e o Wu De como norteadores de ações.

Entretanto, mudar de fora para dentro não é a única maneira de uma pessoa crescer por meio do Wu De. O caminho inverso também é usado, o que nos leva agora até as Moralidades da Mente.

As seis Moralidades da Mente são as seguintes:

Coragem

Perseverança

Paciência

Determinação

Força de Vontade

Disciplina

As Moralidades da Mente operam de uma forma um pouco diferente, e poderemos observar que o desenvolvimento por meio dessas virtudes acontece de dentro para fora, ou da mente para os punhos. De modo particular, acho as Moralidades da Mente mais difíceis de serem trabalhadas, uma vez que você não terá um ambiente que o incentivará diretamente a desenvolver aquela virtude.

Tudo está na sua mente. Todas as possibilidades, vitórias, fracassos e superações. O ambiente apenas ganhará as cores que você criou em sua mente. Será um quadro cinza? Vermelho? Colorido? Amarelo? Fúcsia? Salmão?

Na verdade não importa muito a cor, cada um tem a sua preferida. Mas ao iniciar o trabalho com as Moralidades da Mente, teremos a consciência de que todas as cores e possibilidades nos pertencem, basta direcionarmos nossa mente para o foco que desejamos para o nosso Kung Fu e para nossa vida além dele.

Uma Visão sobre a Humildade

O Wu De é um conjunto de virtudes que todo artista marcial deveria cultivar, de forma a conseguir evoluir como pessoa, por meio do Kung Fu.

Uma das virtudes do Wu De é a humildade.

Olhando no dicionário, decidi pegar três das definições de "humildade":

1. Virtude com que manifestamos o sentimento de nossa fraqueza.
2. Modéstia.
3. Demonstração de respeito, de submissão.

Olhando para essas três definições, veio a pergunta óbvia: como a humildade é importante para o desenvolvimento do artista das artes marciais em sua vida marcial ou mesmo além dela? Bem, vejamos cada ponto:

Virtude com que Manifestamos o Sentimento de Nossa Fraqueza

Vamos aplicá-la ao nosso treino de Kung Fu. Normalmente, nós temos aspectos que consideramos fracos em nosso desempenho no Kung Fu. Pode ser a altura de uma postura, como o Cavalo, ou sua memória para executar determinada parte de uma sequência. São fraquezas de qualquer forma. Se você consegue reconhecê-las como tal, esse é o primeiro passo para que elas possam ser melhoradas, por meio de um maior tempo de treino naquela passagem ou ainda ficando um pouquinho a mais na escola, além do seu horário de treino, repetindo aquilo que você deseja aperfeiçoar, por exemplo.

Agora vamos ampliar o uso dessa definição para o nosso dia a dia. Talvez você tenha maus hábitos alimentares (que podem gerar algum sobrepeso), ou dificuldades para organizar suas atividades diárias no trabalho (que podem gerar algumas "furadas" em prazos). Talvez você não preste muita atenção nos sentimentos de seu parceiro ou sua parceira. Não importa. Podemos aplicar aqui a mesma definição do parágrafo anterior: se você tiver a humildade para reconhecer essas fraquezas, terá dado o primeiro passo para saná-las.

O lado oposto dessa definição de humildade é bastante danoso, mas muito comum hoje em dia. Tomemos por exemplo a pessoa que acredita que é isenta de fraquezas. Ela pode até falar que tem muita coisa para aprender com fulano, mas no fundo acha que já conhece tudo o que há para saber. Tanto no Kung Fu como na vida, esse indivíduo sempre achará tudo à sua volta fraco e desmotivante após algum tempo, e estará num eterno ciclo de mudanças, aprendendo de fato muito pouco, sempre achando que já sabe muito e que dominou completamente suas fraquezas, como se alguém pudesse ser perfeito. Apenas o tempo será capaz de lhe mostrar a importância da verdadeira humildade.

Modéstia

Imagine que você acabou de executar uma sequência de movimentos (forma/taolu de Kung Fu) em uma aula e seu instrutor o elogia pela execução, ressaltando que você conseguiu colocar força e velocidade na medida certa, com controle, ritmo e expressão. Um artista marcial que tem a humildade na forma de modéstia sabe o que fazer com esse elogio: agradece por ele, pois se percebe merecedor, e da próxima vez que executar a mesma técnica, tentará encontrar novas maneiras de deixá-la ainda melhor. Ou seja, aceita o elogio, mas não o torna parte de seu ser, pois sabe que é o trabalho árduo que o faz merecedor das coisas, não apenas a coleção de elogios que recebe.

É bastante comum ver o resultado da ausência da modéstia. O aluno que é talentoso e/ou se torna habilidoso pelo treino incorpora em si os elogios que recebeu e passa a se julgar acima das "pessoas comuns". Não precisa mais treinar da mesma forma, não precisa mais comparecer aos eventos ou participar deles, já que é muito bom. Isso chega ao ponto de esse indivíduo tratar as pessoas de maneira diferente, julgando-as inferiores a ele, já que elas não têm o talento que todos dizem que ele mesmo possui. Com o passar do tempo, essa pessoa vai se isolando de todos, vivendo em seu próprio mundo construído de elogios passados, até que vai embora da escola, do trabalho, de casa ou do grupo de amigos. Acaba se tornando mais um talento que fica pelo caminho. Até o dia em que a vida o fará enxergar a si mesmo sem esse véu traiçoeiro.

Demonstração de Respeito, de Submissão

Esta definição é sensacional, pois ela possui um aspecto que considero negativo e outro positivo. Ambos falam da percepção que se tem sobre si mesmo ao lidar com outras pessoas. O lado negativo: uma pessoa que demonstra a humildade por meio de submissão abre mão de pensar por si só, de agir de acordo com sua vontade e livre-arbítrio, apenas seguindo outra pessoa. Na verdade, esse tipo de humildade é uma opção muito cômoda quando o indivíduo não quer tomar as rédeas da própria vida, deixando as decisões ao cargo de outro. Preguiça ou medo do fracasso com decisões são alguns dos motivos que levam uma pessoa a se tornar submissa a outra.

Por outro lado, a humildade entendida como demonstração de respeito pode ser usada com seus pais, professores e mestres, por exemplo. Você entende e aceita que são pessoas que podem agregar valor para seu dia a dia e, por esse posicionamento, as trata de uma forma respeitosa. Talvez me diga que isso também é um tipo de submissão, e vou ser obrigado a concordar. A diferença entre um tipo de submissão e outra é que a do parágrafo anterior não há uma troca estabelecida, o que revela ainda certo egoísmo.

A humildade como demonstração de respeito, por outro lado, está diretamente ligada ao que você vai aprender com as pessoas, ou seja, há uma troca estabelecida entre as partes, para se chegar a algo maior, desejado pelos dois lados.

Veja que a humildade, como colocada aqui, não é a definição única e verdadeira, não tenho essa pretensão. Como dito no título do capítulo, trata-se apenas de uma visãocom a qual você poderá concordar, com isso, este capítulo vai servir para que reflita melhor sobre a forma de ver esse assunto. Mas você pode discordar, então este capítulo pode servir para você entender melhor seus próprios motivos e deixar sua convicção ainda mais forte.

O Duro Caminho da Lealdade

A lealdade é mais uma das virtudes a serem cultivadas por um artista marcial em evolução por meio do seu Kung Fu. Dessa vez pegamos a definição de "leal" do dicionário Cambridge:

"Firm and not changing in your friendship with or support for a person or an organization, or in your belief in your principles"[1].

Assim, teremos três tipos de lealdade: com suas amizades (usaremos "relacionamento" no lugar, por ser mais amplo), com as organizações e consigo (ser leal a si mesmo).

Lealdade em Seus Relacionamentos

Todos nós temos relacionamentos com outras pessoas, durante toda a nossa vida. Se você é casado(a) sabe que um

---
1. "Firme e imutável em sua amizade com, ou apoio para uma pessoa ou organização, ou ainda em sua crença em seus princípios" (tradução minha).

bom casamento é feito com amor, mas ele demanda também lealdade (e mais uma série de coisinhas).

É comum vermos casamentos que começam bem e terminam algum tempo depois, mesmo que muitos dos noivos tenham jurado que o casório cumpriria a máxima: "até que a morte nos separe". Ora, se você jurou e depois não cumpriu, foi falta de amor? Talvez. Foi falta de lealdade? Com certeza.

A lealdade em um relacionamento a dois não significa que tudo será tranquilo e sem sobressaltos. A lealdade funciona como o sistema imunológico do seu corpo: se há algo errado, o sistema vai agir para arrumar/corrigir de forma que tudo volte ao seu estado natural de equilíbrio e bem-estar. Antes que diga que estou sendo muito duro e que, quando falamos do coração, as coisas nem sempre são "sim ou não", saiba que concordo com você. Existem muitas variáveis que podem contribuir para a evolução ou até o fim de um relacionamento. Uma dessas coisas pode estar relacionada com os diferentes tipos e temperamentos de pessoas. Para saber mais sobre os temperamentos humanos, veja o livro do Mestre Gabriel Amorim, *Decifrando os Temperamentos Humanos*.

Em uma análise fria, o casamento e o estabelecimento de uma sociedade têm algumas similaridades, além do que estamos falando aqui.

Lealdade com as Organizações

De volta à época dos muitos reinos, na região em que hoje é a China, a lealdade com um reinado era um atributo bem interessante para um artista marcial. Ela era um atestado de que aquele artista era confiável, o que poderia render um posto maior no exército e/ou no governo. Guerreiros não alinhados com nenhum reinado, vivendo apenas para si ou seu grupo, também poderiam se considerar leais: eram fiéis apenas a eles mesmos e suas causas particulares. Trazendo isso um pouco para frente na história, para meados do século XIX e até o início do século XX, um estudante de Artes Marciais treinava com um mesmo Shifu durante toda a sua vida, ou até o momento em que aquele Shifu o liberava e o incentivava a treinar com outros mestres que poderiam lhe ensinar mais coisas do que ele mesmo.

Por outro lado, havia os artistas que preferiam ignorar esse aspecto do Wu De e treinavam com um Shifu ou mais de um, ocultamente, e depois, por iniciativa própria, mudavam de Shifu para ir até outro ponto, e assim se seguia. Esse tipo de artista marcial não conseguia atingir um alto grau de excelência no Kung Fu, pois a sua falta de lealdade já prevenia o novo Shifu de que aquele sujeito iria treinar ali por apenas algum tempo, então por qual razão ensinar-lhe técnicas mais avançadas do estilo, se isso não seria usado em prol da família, se o indivíduo não era leal com a família?

Vamos levar este aspecto da lealdade para os dias de hoje. Sabe aquela pessoa que trabalha em um local, mas vive reclamando desse lugar? Que a empresa toma decisões erradas, que o chefe é um idiota, que os companheiros de trabalho são horríveis, que usa produtos do concorrente da própria empresa em que trabalha? Pois bem, falta o desenvolvimento do aspecto Lealdade do Wu De para ela. Isso me lembra de quando eu tinha um determinado celular que precisava de um reparo, mas o valor do conserto era o preço de um aparelho novo. Ao tentar sensibilizar a gerente do suporte técnico, qual não foi minha surpresa ao ver que ela usava um celular de outro fabricante... Foi fácil escolher meu novo celular depois disso.

Em nossa escola, algo similar pode acontecer eventualmente também. Alunos que pagam de modo regular suas mensalidades, e treinam com igual regularidade, reclamam de diversos aspectos da academia de forma pública e imprópria. Antes que você me acuse de ser um qualquer-coisa-ista, autoritário, ditatorial, pró-burguesia, etc., etc., etc., explico o que quero dizer, com um exemplo simples.

Digamos que você seja contra a existência de espelhos na academia. Você não concorda porque sua bisavó contava que, ao olhar muito tempo para um espelho, sua boca ficaria torta. Dessa forma, passa a reclamar no vestiário, para seus colegas, que é um absurdo uma academia de Kung Fu ter espelhos. Ao chegar para treinar, conversa com seus colegas na secretaria sobre como é ruim uma escola com espelhos e que isso deveria ser diferente. Ao participar dos eventos, faz sua parte, mas guarda sempre um momento para reclamar, para os que estão próximos, que os espelhos são o que impedem a academia de crescer e que se deveria ouvir os alunos e tirar os espelhos. E assim vai...

Daí você encontra algumas pessoas, que deveriam ter conhecido sua bisavó; elas passam a concordar com você e se cria um grupo que não gosta dos espelhos e, quando todos estão juntos, começam a sonhar com um mundo sem espelhos. Só se esquecem de uma coisa: em nenhum momento sua crítica sobre os espelhos foi levada ao seu instrutor nem sequer direcionada da maneira apropriada, para que se pudesse estudar o banimento de todos os espelhos.

Troque agora "espelhos" por "aquela instrutora", "aquele instrutor", "postagem do fulano na rede social", e você verá que o exemplo foi bobo, mas de fácil adaptação para a realidade.

Veja, isso não significa que você nunca mais pode reclamar de nada no TSKF, ou na sua escola, pelo contrário. Fique à vontade! Entretanto, existem maneiras e maneiras de entregar uma reclamação de modo que ela possa ser, eventualmente, um agente de mudança. Diria que uma forma está alinhada com o Wu De. A outra não. Mas sua liberdade de escolha em como proceder é total.

Lealdade a Si Mesmo

Esta é a lealdade mais difícil e, quando se tem o hábito de falhar nesse aspecto, cria-se a porta para falhar nas demais Lealdades. A pessoa que é leal a si mesma age de acordo com o que diz. Se disser que estará em tal lugar em determinada hora, lá estará. Desculpas como "foi o trânsito", "meu cachorro começou a falar" e coisas assim não fazem parte de seu repertório de frases. Se fizer o que falou, agiu com lealdade às próprias palavras. Se não fez, faltou com ela, e desculpas são desnecessárias, porque faltou lealdade do mesmo jeito, independentemente das palavras que escolha para justificar não ter feito algo que disse que faria.

Se uma pessoa estabelece uma meta de redução de peso, por exemplo, ela não vai descansar até que calcance seu objetivo. Ela pode se desviar aqui e ali eventualmente (somos humanos e imperfeitos), mas sua lealdade para com sua decisão não mudará, e será o norte na maior parte de suas escolhas na alimentação e na prática de exercícios.

Dessa forma, faz sentido pensar que, quando uma pessoa desenvolve a lealdade a si mesma, ela fortalece o hábito de cumprir aquilo que diz, por consequência, quando esta é colocada à prova em relacionamentos pessoais e/ou para com organizações, o indivíduo já tem fortalecido o hábito de ser leal. Por outro lado, se costumeiramente o que a pessoa "fala, não se escreve", como esperar que ela seja leal com coisas exteriores, se não o é nem com o que diz a si mesma?

Talvez, sob o olhar da virtude da lealdade, fique clara uma frase que o Mestre Gabriel sempre costuma dizer aos alunos que fazem o Curso de Formação de Instrutor:

"Hábitos são inicialmente teias de aranha, depois fios de arame."

A Rara Joia Chamada Respeito

Chegou o momento de falarmos sobre respeito. Como de costume, peguei algumas definições do termo no dicionário:

1. Ação ou efeito de respeitar ou respeitar-se.
2. Apreço, atenção, consideração.
3. Acatamento, deferência.
4. Obediência, submissão.

Agora, vamos classificar aqui dois tipos de respeito.

Respeito por Você Mesmo

Quando falamos de respeito por você mesmo, ainda pode soar estranho para algumas pessoas. "É claro que eu me respeito", poderia o leitor dizer, eventualmente. Mas é isso mesmo que ocorre na prática?

O interessante sobre esse tipo de respeito é que ele não requer falas ou interações com outras pessoas. Esse respeito é colocado à prova durante o diálogo que você tem consigo mesmo, ao longo do dia, e é nisso que ele difere e complementa a lealdade. Ainda assim, seus efeitos podem ser medidos por meio das ações que o indivíduo toma.

Imagine que você acorda de manhã e pensa/diz para si mesmo: "hoje eu vou para a academia" e, após um dia cansativo, chefe falando um montão, descontando estresse na hora do almoço, com comidas não muito saudáveis, etc., etc., você resolve jogar tudo para o alto, ir para casa, pedir uma *pizza* (sem saco para cozinhar nada) e ver TV até a hora de dormir.

Veja, não foi uma questão de lealdade, talvez não fosse seu dia de treino e/ou você não tenha falado abertamente a ninguém que iria para a academia hoje (não colocou sua palavra à prova). Mas ainda assim, foi uma falta de respeito consigo mesmo. Você planejou fazer algo e "furou" com você mesmo. Ainda que ninguém fique sabendo ou o culpe por isso, uma pessoa muito importante sabe da sua falta: você. Claro que sabemos que imprevistos acontecem, e há dias que são impossíveis.

Mas e quando isso se torna um hábito? Tenha certeza de que, por mais que você nunca fale sobre isso com ninguém, seu comportamento acaba demonstrando seu hábito de faltar com o respeito consigo mesmo.

Quando você toma uma decisão e a cumpre (ir treinar, nesse exemplo), fortalece o respeito que tem por si. Passa a ter mais confiança na própria força de vontade e determinação, já que dias difícei, chefes complicados e estresse continuarão a acontecer na sua vida. Ainda assim, você cumpre o que combinou consigo. Quando você se respeita, cultiva um campo fértil para que floresçam muitas coisas boas.

Quando você se respeita, passa a ver o valor que tem no mundo: um valor incalculável, tanto para o que você faz quanto para o que é capaz de fazer, contando com suas habilidades. Veja que, em nosso pequeno exemplo, podemos encontrar os termos do dicionário colocados anteriormente.

Respeito pelos Outros

Aqui entramos em um ponto delicado. Respeito "pelos outros" significa qualquer outro indivíduo que não seja você mesmo. Se pensar nos seus pais, por exemplo, terá, possivelmente, um exemplo tranquilo de pessoas a respeitar. Entretanto, esse tipo de respeito é fácil. Respeitar as pessoas de quem você gosta e estima é sempre menos complexo.

Agora, e quanto ao respeito por aqueles que não gostam de você e/ou de quem você não gosta?

Estou adiantando o assunto... Vamos ver mais alguns exemplos de respeito, aplicado às pessoas de quem você gosta. Na sua escola ou faculdade, você pode ter um professor que respeita, por meio das definições de acatamento e deferência, em sinal de reconhecimento pelo que ele sabe e pela forma que ele transmite isso a você. Entre seus amigos, pode ter um com relativo sucesso profissional que você respeita bastante, demonstrando seu apreço, atenção e consideração. Mesmo na academia, você pode ter um comportamento de respeito para com seu instrutor, demonstrado por intermédio de obediência. Pode ainda misturar os conceitos de respeito entre os exemplos: você tem muita consideração por um professor que tem muito sucesso, profissionalmente falando. Fácil, não?

    Agora sim, a parte difícil, mas não a mais difícil: respeitar alguém de quem você não gosta. Aqui reside uma diferença entre brasileiros e chineses bastante interessante.

    Os chineses, habitualmente, parecem ser um pouco mais frios que os brasileiros. Nós somos muito emocionais e gostamos, de forma geral, de um contato mais próximo com outro ser humano. Quando você pensa no Wu De, lembre-se dessa diferença, em certos momentos.

    Vamos tomar novamente o exemplo de um relacionamento com o chefe no trabalho. Você não gosta dele. Não gosta porque ele torce pela Portuguesa, não gosta porque às terças ele usa sapatos marrons... Sei lá, simplesmente você não gosta. Porém, não nega que ele seja bom no que faz (mesmo que isso inclua explorar você) e seja um cara que "entrega o serviço". Portanto você acaba respeitando-o, já que entramos no conceito de obediência, acatamento e deferência. Além disso, ele é capaz de ensinar, mesmo que indiretamente, muita coisa que você passa a adotar no seu próprio trabalho, que melhora seu desempenho. Você não vai com o cara, mas é inegável que ele está no lugar certo. Ou seja, ele merece o respeito. Nesse exemplo, é por conta da capacidade. Poderia ser pelo *networking* ou qualquer outra coisa.

    Bem, até aqui fez sentido, não? Mas e quando você deve respeitar alguém que não gosta de você? Como exemplo, vou citar um caso que acontece atualmente. Conhecemos um Shifu de outra escola que definitivamente não gosta da nossa, o TSKF. Quando você não gosta da TSKF, isso inclui todos que fazem parte dele, já que formamos um grupo. Além de simplesmente não gostar da gente, ele, vez ou outra, procura sempre falar mal publicamente da escola e do Mestre Gabriel, usando diferentes expedientes. Enfim, um desafeto.

Mas o curioso é que não temos absolutamente nada contra ele. Na verdade o achamos muito inteligente, divertido e ele faz parte de uma família bastante antiga na prática do Kung Fu, e isso com certeza merece todo o respeito, sem falar que tem um bom Kung Fu.

Dessa forma, quando me envolvo em discussões com ele, me forço a adotar uma postura respeitosa, primeiro por quem o Shifu é e, segundo, por quem ele representa. Sou impedido de falar coisas com o mesmo tom e abordagem que ele usa. Por mais que tenha decidido não nos respeitar, sou, pelo Wu De, obrigado a respeitá-lo.

É claro que seguir esse ou qualquer outro aspecto do Wu De é uma escolha e eu poderia ignorar este ponto. Mas graças a essa pessoa, descobri que respeito não é uma via de duas mãos. Respeito não é uma coisa relacionada ao sentimento, mas é algo atrelado ao que você é e ao que você quer se tornar.

Respeito é uma habilidade que deve ser treinada como se treina flexões de braço.

Para encerrar, mas não menos importante, está um último tipo de Respeito, também relacionado a outras pessoas. Trata-se do Respeito por quem não está envolvido diretamente com você, ou está numa situação funcional "abaixo" de você, momentaneamente. São os porteiros, faxineiros e tantas outras funções de natureza mais simples ou humilde que têm seu papel importante na sociedade e, por isso também, merecem todo o nosso respeito.

Todos nós adoramos, em um filme de Kung Fu, quando um grande guerreiro trata com gentileza uma criança indefesa, um cachorro ou um ancião que serve chá. Mas nos lembramos desse tipo de respeito ao lidarmos com o caixa do supermercado, com a atendente do *call center*, com o motorista do carro ao lado, com o porteiro e tantos outros?

Assim temos várias oportunidades de treinar e fortalecer a virtude do Respeito. Basta decidir começar. E quando falharmos, é sempre tempo de recomeçar.

Justiça Para Todos

A justiça, segundo a definição em inglês, é:

"The condition of being morally correct or fair".[2]

É importante notar que o conceito de justiça pode variar muito de pessoa para pessoa, e somos bombardeados constantemente com informações conflitantes sobre o que é "justo" e o que não é.

Agir com justiça – ser moralmente correto e justo – depende de dois fatores bem conhecidos por todos nós: Direitos e Deveres. Mas como cada um desses aspectos se apresenta quando falamos do Wu De? Vejamos o que deve ser visto primeiro, sim?

Dever

O dever precisa ser visto como algo bem diferente de uma obrigação. Uma obrigação é algo que você tem de realizar porque alguém, ou alguma coisa, o "força" a fazer. Por

---

2. "A condição de ser moralmente correto ou just" (tradução minha).

exemplo: os instrutores devem chegar mais cedo à academia diariamente para poderem prepará-la para as aulas que virão. Posso considerar isso uma obrigação. Eu TENHO de estar lá na academia cedo, porque essa é a regra do TSKF e sou OBRIGADO a segui-la.

Agora, um dever é bem diferente! Um dever é algo que você DECIDE que tem de ser feito, ou seja, podem até existir regras, alguém ou algo pode dizer que você é obrigado a fazer, mas a sua percepção não é essa, pois antes das regras e dos regulamentos, você se compromete em cumprir a tarefa. Sente-se responsável por ela. No nosso exemplo: eu PRECISO chegar à academia cedo, porque meus alunos precisam, e merecem, ter sua academia devidamente preparada para as aulas. Eu tenho um dever para com meus alunos.

Portanto, a diferença entre dever e obrigação está na maneira como você encara algo que precisa fazer. É claro que nem todos os deveres são prazerosos, mas isso não significa que eles tenham de ser feitos com má vontade, ou deixarão de ser deveres novamente.

Um dever está atrelado com a justiça, e para ser justo, não importa seu humor ou sentimento em relação a algo. O que é justo é justo. O que deve ser executado, deve ser feito e pronto.

Outro ponto interessante sobre o dever é que ele depende de você, e não apenas ser cumprido por causa dos outros. O que se chama "senso de dever" é algo que está dentro de si para ser usado, bastando apenas dar ouvidos para essa voz interna.

Muitas vezes, sabemos o que é o justo, mesmo que não esteja escrito em nenhum lugar. Se você receber o troco a mais no caixa do supermercado, qual é a coisa justa a ser feita? Qual é o seu dever como artista marcial? Devolver o troco errado, evidentemente. Entretanto, muitas pessoas podem ficar tentadas a serem injustas, ficando com o troco excedente. Podemos até criar justificativas para a ação: "pago tão caro aqui que não vai fazer diferença para eles", "todo mundo me rouba neste país, é minha chance de descontar". Alguns desses possíveis comentários parecem de alguém "moralmente correto e justo"? Pode apostar que não. Agir com senso de dever depende muito pouco dos outros e quase totalmente de você.

Vamos agora ao próximo ponto, que é justamente uma consequência do dever.

Direito

Todos têm direitos. Alguns são essenciais e passamos a merecê-los a partir do momento em que existimos. Mas não estou falando das leis. Falo de coisas mais simples, como... gosto musical. Cada um pode gostar da música que quiser. Eurodance, Italo Disco, Vocal Trance, Country, Funk, Pagode, Gospel, Rock, Heavy Metal, White Metal, Glam Rock, Indie, Blues, Jazz, K-Pop, J-Pop, C-Pop, Rap, Reggae. Escolha um ou vários estilos, e dezenas e dezenas de outros que não coloquei aqui. Você tem direito a ter seu gosto musical. Mas para ter seu direito, primeiro precisa cumprir seu dever. Uma das muitas leis que governam o Universo diz que primeiro você faz e, depois recebe pelo que fez. Você escuta várias músicas, depois escolhe as que aprecia. Você prepara seu jantar e depois come. Você trabalha, depois recebe o seu pagamento. Claro que há casos um pouco diferentes, mas a lei continua válida. Você come em um restaurante e depois paga. Tente não pagar para ver o que acontece...

Sabendo dessa lei, você nunca precisará usar a frase "eu tenho meus direitos". Isso acontece porque simplesmente você já cumpriu com seus deveres, e seus direitos serão uma consequência natural disso. É claro que vez ou outra é preciso lutar para ter seus direitos assegurados (que diga o atendimento eletrônico da Anatel), mas quando olhamos para as situações comuns do dia a dia, podemos ver que há uma simplicidade impressionante.

Há um filme chamado *À Procura da Felicidade*, com o ator Will Smith, no qual é contada a história de Chris Gardner, um pai solteiro que enfrenta muitas dificuldades financeiras e sua última esperança é um estágio, em que ele poderia, ao final do período, ser efetivado e ganhar um bom salário.

Entretanto, o estágio não era remunerado. Basicamente ele iria trabalhar e estudar na empresa e não receberia nenhum centavo. É justo isso? E os "direitos" dele?

Se iesse caso ocorresse no Brasil atual, provavelmente seria impossível, pois deve haver uma legislação sobre isso. Mas veja que, para efeitos da história do filme, Chris teve sua remuneração. Ela foi dada para ele na forma de conhecimento, aprendizado e experiência prática. Um grande pagamento, se me permitem dizer. Seu direito, pensando naquela lei universal que comentei anteriormente, foi assegurado.

Quantos de nós aceitaríamos trabalhar sem receber dinheiro como pagamento e, no lugar, ter acesso a conhecimento, aprendizado e experiência prática? Muitos de nós? Poucos de nós? Nenhum de nós?

Agora, quantos de nós que assistiram ao filme gostaram dele? Creio que todos ou, pelo menos, quase todos nós.

Um direito vai além do retorno material ou financeiro. Ele está associado com as ações que você toma, e a recompensa equivalente a que você pode ter acesso.

Reunindo assim os elementos dos deveres e dos direitos, chegamos ao formato da Justiça do Wu De. Sabemos que não vamos acertar 100% do tempo no cumprimento do dever e no exercício dos direitos. Mas, ao olhar a definição de "justiça" do começo do capítulo (a condição de ser moralmente correto ou justo), podemos concluir que falhas acontecerão, mas ainda assim vale insistir e buscar esse aprimoramento. Sabe por quê?

Quando optamos por ser moralmente corretos e justos, decidimos ter comportamentos, ações e costumes mais nobres do que temos hoje. Podemos inclusive nem ter uma grande nobreza nesse momento. Mas ao decidir usar a justiça como norteadora de ações, somos capazes de idealizar um "eu" melhor, como gostaríamos de ser em nosso dia a dia, com nossos deveres e direitos. E se conseguimos mentalizar algo, é porque somos capazes de tornar essa mentalização real em nosso mundo. Iisso contribuirá para nossa evolução como artistas marciais.

A Confiança é a Cola que Une os Relacionamentos

O título deste capítulo é uma frase que o Mestre Gabriel sempre repete nos Cursos de Instrutor. A Confiança é uma virtude muito difícil de desenvolver, especialmente em razão do nosso lado mais sombrio.

No dicionário, confiança significa:

1. Ação de confiar.

2. Segurança íntima com que se procede.

3. Crédito, fé.

4. Boa fama.

5. Segurança e bom conceito.

6. Esperança firme.

Agora, vamos observar a Confiança em três perspectivas.

Autoconfiança

Confiar em si mesmo (definição 1) significa agir com determinado nível de segurança em torno de algo (definição 2) e com a convicção necessária para fazer com que esse algo dê certo, mesmo que 100% do cenário envolvido não esteja revelado (definição 6).

Sem esse tipo de confiança, um artista marcial não consegue se desenvolver. Em nossa escola, entendemos que os menos graduados estão começando sua jornada sem fim no Kung Fu e, com tantas coisas novas para aprender e entender, é natural que se sintam hesitantes e com pouca confiança para realizar os primeiros movimentos.

Mas eles tiveram uma primeira atitude de autoconfiança quando tomaram a decisão de começar a treinar. Com isso, todo instrutor do TSKF sabe que a semente da confiança está lá, e nosso trabalho é cuidar dessa semente para que ela floresça e renda os frutos esperados pelo aluno no futuro próximo.

Com o passar do tempo, o aluno descobrirá a confiança que está dentro de si e ele mesmo passará a cuidar dela, superando os desafios das novas matérias, do exame de faixa e, eventualmente, dos campeonatos. É claro que o instrutor continuará a cuidar do aluno e de sua confiança, mas a atenção agora está em direcioná-la e estimulá-la e não mais no seu florescimento. Ocorre portanto uma "passagem de bastão", em que o aluno deverá necessariamente assumir a responsabilidade por cuidar de sua autoconfiança, dando o sentido correto ao termo. Essa passagem de bastão pode acontecer em diferentes períodos para as pessoas.

Fora do Kung Fu, o desenvolvimento da autoconfiança acontece num formato parecido. Conforme vamos amadurecendo como pessoas, vamos desenvolvendo maior confiança em nossa capacidade frente aos desafios do dia a dia, sejam eles familiares, profissionais ou pessoais. Entretanto, como Rocky Balboa disse em um dos filmes da série *Rocky*, "a vida não é apenas raios de sol e arco-íris". Pessoas, situações e eventos vão atacar sua autoconfiança e dizer que você não pode fazer algo, ou não merece conquistar algo; que você não é bom o bastante.

Nesse momento caberá a você tomar uma decisão: aceitar isso e tornar-se um perdedor que tem uma coleção fabulosa de desculpas por não ter feito isso ou aquilo, ou jamais deixar sua autoconfiança ferida e continuar lutando, sabendo que erros existirão e que, mesmo assim, ou você tem o que é preciso para realizar aquilo que deseja ou você está disposto a desenvolver a habilidade ou conhecimento que for para, aí sim, realizar aquilo que ambiciona. E acima de tudo: você merece todas as vitórias que conquistar.

Podemos observar que a diferença do uso da autoconfiança no Kung Fu e fora dele é mínima. Isso se deve porque essa característica não depende da Arte, do seu trabalho, da sua família. É uma atitude que depende apenas de você, em seus papéis do seu dia a dia.

Confiar nos Outros

Para tomar a ação de confiar (definição 1) em outra pessoa, esta deve ser digna de crédito e fé (definição 3) que você vai dar a ela. É esperado então que ela tenha uma boa fama (definição 4) entre as pessoas com quem se relaciona, e que ofereça segurança e bom conceito (definição 5). Entretanto, há um detalhe bastante importante aqui. É preciso também da definição 2: segurança íntima com que se procede. O que isso significa?

Só é capaz de confiar em alguém aquele que confia em si mesmo. Se um indivíduo não confia em si, ele sempre verá outras pessoas pelo seu prisma distorcido de confiança e concluirá erroneamente que todos são como ele, não confiáveis ou oferecedores de pouquíssima confiança. Vejam que aqui a confiança cruza o caminho da honestidade.

Seguindo esse raciocínio, alguém desonesto jamais conseguirá confiar em outra pessoa, mesmo que para outros indivíduos essa pessoa se mostre honesta. Quando confiamos em outras pessoas, passamos a trabalhar com outra lei universal: o emprego dos poderes. Basicamente, nós temos à nossa disposição dois tipos de poderes: o pessoal e o coletivo. Quando trabalhamos o item anterior, nossa autoconfiança, desenvolvemos esse aspecto de nosso poder pessoal. A partir dele, nos associamos a outras pessoas em busca de algo em comum, que pode ser um emprego, um casamento, uma amizade, um aprendizado. Ao fazer essa associação, e usando a confiança como a cola que une essa relação, nosso poder pessoal se une com o de uma ou mais pessoas, o que nos leva a alcançar um poder coletivo. A união das habilidades das pessoas comprometidas em uma mesma causa é maior que a soma de cada uma das partes. Assim, podemos realizar mais.

E como isso se relaciona com o Kung Fu, já que a explicação até agora se aplica à vida além da escola? Muito simples: na relação entre instrutor e aluno, quando o aluno decide abrir-se para o aprendizado e treinamento oferecidos pelo instrutor. O aluno confia e se entrega ao processo de treinamento oferecido pelo instrutor que, por sua vez, terá a responsabilidade de cuidar e guiar o aluno ao longo de sua jornada de aprendizado. O instrutor também decide confiar no aluno, quando passa a transmitir as técnicas que conhece e o Kung Fu que sabe.

Falar sobre essa relação de confiança no começo do treinamento de uma pessoa pode parecer estranho, mas como qualquer relação, ela poderá definhar ou se fortalecer (que é o que esperamos sempre).

Ser Confiável

Esse é o último tipo de confiança, quando você passa a ser uma pessoa de Crédito e Fé (definição 3) perante os outros e possui Boa Fama (definição 4) no que diz respeito às suas relações. Como complemento, você oferecerá segurança e terá um bom conceito (definição 5) por parte de outras pessoas.

Um professor do TSKF torna-se confiável a partir do momento em que se torna instrutor. Isso acontece pelo fato de dele ter superado um período de treinamento significativo, além de ter começado a estudar diversos outros aspectos do ser humano. É evidente também que essa confiança recebida não acontece no momento em que se coloca o ifu amarelo (traje de instrutor tradicional) para dar aulas. Ela começa a ser construída desde muito tempo antes, sendo o início do ciclo como instrutor apenas a celebração dessa confiança conquistada.

Cabe a ele, no entanto, fazer jus ao *status* recebido e caminhar dentro dessa estrada. Infelizmente, nossa história mostra casos em que a pessoa optou por não agir assim, tendo como consequência sua saída do grupo de instrutores do TSKF. Notem que eu escrevi "mostra casos" e não "todos os casos".

Pensando além do Kung Fu (mas serviria também nele), ser confiável pode ser demonstrado por meio do oposto: o que NÃO É ser confiável. Podemos encontrar com pessoas no nosso trabalho, por exemplo, que são bem-humoradas, envolvidas e inteligentes na frente de um grupo. Entretanto, quando ninguém está olhando, ou quando o ambiente em que estão é mais reservado, aproveitam para retirar sua máscara e mostrar seus verdadeiros pensamentos e intenções. São estratégias e esquemas para conseguir o que desejam. Intenções ruins, antes disfarçadas de envolvimento, revelam-se e procuram corromper quem está próximo, sujeito à presença desse tipo de pessoa.

Porém, não é à toa que a confiança é uma virtude do Wu De. Quando se diz: "a confiança é a cola que une os relacionamentos", não devemos nos esquecer de que, para essa cola funcionar, as duas partes devem estar comprometidas com essa união. Caso contrário, não haverá a união, e a pessoa que não é confiável ficará sem ninguém ao seu lado ou, no máximo, com pessoas fracas junto dela. Isso por si só já deve ser considerado um anúncio de uma derrota.

Quando uma pessoa se mostra não confiável, ela repele as outras de forma inconsciente, as quais facilmente podem pensar "e se o próximo alvo dela for eu?".

Por isso, esse aspecto do Wu De requer treinamento constante desde sua base. Com uma autoconfiança forte, ficamos abertos a confiar nos outros e, confiando nos outros, tornamos-nos confiáveis.

Honestidade: Quando o Discurso e a Prática se Alinham

Existem sete definições de "honesto" no dicionário:

1. Honrado, probo.
2. Reto, conscencioso, sério, digno de confiança.
3. Justo, escrupuloso.
4. Imparcial.
5. Veraz.
6. Decente, decoroso, virtuoso.
7. Casto, pudico, recatado.

É importante notar que várias dessas definições se cruzam com elementos do próprio Wu De, no caso, confiança e justiça. Ainda assim, como a honestidade acabou por entrar na "visão TSKF" do Wu De?

Por uma razão simples: na China antiga, não era preciso ser honesto. Um estudante de um estilo há vários anos com um mesmo Mestre decide, por si só, que este já não serve mais para levá-lo adiante e decide abandoná-lo e ir atrás de outro, alegando uma desculpa bem elaborada. Enquanto esteve com aquele primeiro Mestre, foi justo, confiável e leal, mas isso é ser honesto? Isso é ser virtuoso? Indo atrás do conhecimento das técnicas por si só? Com certeza não.

A honestidade constitui algo mais do que a simples soma de confiança, lealdade e justiça. Ela é o resultado da união entre todas as Moralidades de Ação. E esse resultado é maior que a soma de cada Moralidade. Vejamos a aplicação da honestidade em dois planos relacionados entre si.

Honestidade Pessoal

A honestidade pessoal abrange dois aspectos: o interno e o externo.

Usaremos aqui dois exemplos para essa divisão.

Ser honesto com você mesmo força-o a usar, especialmente, a Humildade e o Respeito. Como assim? Vamos imaginar uma mulher que deseja mudar a si mesma. Mudar sua aparência, ficar mais bonita, atraente e moderna.

É de se imaginar que todas as mulheres, em maior ou menor grau, queiram mudar de vez em quando. Mas nesse exemplo, que poderia ser com um homem também, a pessoa quer dar a famosa "geral" e se reinventar.

Novas roupas, não necessariamente de marcas caras. Novos calçados, condizentes com o que deseja ser. Um novo cabelo, em termos de cor, penteado/corte. Novos produtos de beleza, incluindo maquiagens... e pronto! Uma nova pessoa nasce, certo?

Errado. A pessoa desse exemplo (que é baseada em uma pessoa real) esqueceu de duas coisas importantes: o que ela come e como ela cuida do seu corpo. De nada adianta querer mudar se ficar na mesma em essência. Ou você muda ou se aceita, que também é um grande gesto de honestidade, senão o maior. Por exemplo, a sobremesa do jantar é uma caixa de bombons, mas diz a si mesma, todas as manhãs, que quer emagrecer.

Quer ter mais energia, mas assiste a todas as novelas que passam no período da noite. Ser honesto é ser congruente com o que se diz, mesmo que diga apenas para si mesmo.

Visto o aspecto interno da Honestidade, tratemos agora do aspecto externo, que pode ser ainda mais difícil de lidar.

O aspecto externo tem muito a ver com o nome deste tópico e ele é facilmente observável em pessoas que NÃO agem assim. Quem pratica Kung Fu, no TSKF ou não, sabe identificar uma pessoa desonesta, neste sentido. Estamos falando daquele indivíduo que diz em alto e bom tom que é forte e durão para treinar, firme e inabalável para fazer os exercícios, não importam quais sejam.

Basta o instrutor puxar uma aula um pouquinho mais pesada para ele não querer mais treinar com aquele instrutor. Diz que ele não sabe puxar aula, que não tem respeito pelos alunos e alunas. Publicamente, fala da academia como se fosse sua segunda casa, mas quando está com um grupinho, na certeza de estar bem escondido nas sombras, aproveita para falar mal das pessoas e das regras da academia.

O leitor com boa memória me perguntará: mas isso não é falta de lealdade? Claro que sim. Entretanto, a falta de honestidade consegue ser um passo adiante desse problema: a pessoa que é desonesta em uma coisa desse tipo, também é desonesta em vários outros campos da vida, sejam eles o profissional e até mesmo o familiar, não inspirando a verdadeira confiança nem dos próprios pais, filhos, cônjuges e demais familiares.

Pessoas assim, infelizmente, são como baratas: fogem quando você joga um facho de luz nelas, com medo da própria sombra e de terem sido descobertas, mesmo sendo nenhum tão fracas e não conseguindo causar qualquer mal.

Honestidade Corporativa

Este tipo de honestidade é tão importante quanto a pessoal. Pessoas jurídicas também devem ser honestas. Honestas com seus funcionários, com seus clientes e, principalmente, com sua Missão.

Obviamente que abordaremos o TSKF. Todos os alunos escutam a mesma informação quando ingressam em nossa escola: não ensinamos luta. Nosso foco de treino são as formas/coreografias e as respectivas aplicações, além dos demais elementos que contamos em nosso currículo e estrutura. Isso é um exemplo de honestidade corporativa: você sabe o que vai encontrar ao iniciar seus treinos.

Proceder da maneira contrária, dizer que ensina luta e não fazê-lo, é um grave ato de desonestidade, na nossa visão. Ou pior ainda: prometer uma coisa e entregar outra. Isso gera uma quebra de confiança extrema e também é uma desonestidade.

Aquilo que é prometido sempre deve ser entregue. Se não puder entregar, não ofereça. Outro aspecto de honestidade corporativa diz respeito aos resultados da empresa: uma empresa legalmente constituída, desde que não seja uma ONG, deve dar lucro, gerar riqueza para seus sócios. Se isso não acontece, é também uma desonestidade: está ocorrendo uma gestão incorreta da empresa e/ou os sócios estão agindo de má-fé em torno do capital investido nela.

Um último exemplo de honestidade corporativa diz respeito aos valores que a empresa cobra por seus produtos ou serviços. Os preços devem ser sempre justos com o que é oferecido: abaixar o ou aumentar o preço demais é uma desonestidade com a empresa ou com o cliente, respectivamente.

Observemos, por exemplo, a fabricante de carros Ferrari: imagine que você possa comprar uma destas máquinas por apenas R$ 25.000,00. Bem barato não? Agora, todos podem ter uma Ferrari! Um padrão de construção sem igual, motores praticamente feitos à mão, material interno escolhido dentro dos mais altos padrões de qualidade. Se tal absurdo acontecesse, seria uma desonestidade com os funcionários da empresa que estudaram duro e desenvolveram ao máximo suas capacidades profissionais para se tornarem aptos a estar nessa fabricante. Sem falar que a empresa não seria capaz de pagar aos seus funcionários o que eles merecem nem pelo nível de trabalho que eles entregam.

O oposto também seria absurdo: um Fiat Mobi, feito em sua própria linha de montagem, que custasse meio milhão de reais. Esse exemplo é ainda mais óbvio: o carro não vale todo esse dinheiro e seria uma tremenda desonestidade da empresa para com o mercado. E, naturalmente, não venderia nada.

Assim, podemos ver que a Honestidade não é apenas uma das virtudes, uma das Moralidades de Ação do Wu De. É muito além disso: ela é a expressão máxima do entendimento de todas as moralidades que conduzem as ações, de forma integral. Aquele que é honesto, expressa o Wu De em cada uma de seus atos.

A Virtude do Herói

Coragem, no dicionário, significa:

1. Força ou energia moral ante o perigo; ânimo, bravura, firmeza, intrepidez, ousadia.
2. Desembaraço, franqueza, resolução.
3. Antônimo: covardia, medo.

Todos nós dispomos da Coragem. Algumas pessoas têm uma Coragem acima da média, enquanto outras possuem uma Coragem abaixo da média da população, mas todos nós temos a Coragem à nossa disposição.

Falemos aqui em três aplicações da Coragem. Naturalmente, existem diversos outros empregos que a Coragem pode ter, uma vez que ela pode ser comparada com um motor de arranque de um carro, responsável por dar a partida inicial em todo o sistema do veículo. Em praticamente tudo que vamos começar, mudar ou terminar, é necessário o emprego da Coragem. Dito isso, vamos aos três pontos!

Coragem em se Expor

Esse tipo de coragem está associado à nossa relação com outras pessoas. Existem pessoas que têm um medo irracional de falar em público, e devemos lembrar que o medo é justamente o exato oposto da coragem.

Assim há uma ausência total da coragem quando essa pessoa fica diante dessa situação, seja no trabalho, na escola/faculdade ou mesmo entre amigos, num casamento, por exemplo.

No Kung Fu, essa coragem se faz presente quando o aluno vai fazer seu exame de faixa e também quando decide participar de um campeonato.

A coragem no exame de faixa é considerada bastante interessante, pois temos três tipos de alunos neste cenário:

O aluno decidido

O aluno termina a matéria com alguma antecedência para o exame (de acordo com sua faixa), continua treinando normalmente e se inscreve para fazê-lo. No dia do exame chega, faz o seu melhor e espera o resultado, seja ele qual for. Definitivamente não lhe faltou coragem ou ele é tão corajoso que um exame não o assusta.

O aluno hesitante

Ele termina a matéria com alguma antecedência para o exame (de acordo com sua faixa), continua treinando normalmente. Fica indeciso se deve fazer esse exame ou o próximo, conversa com um colega, com o instrutor e toma sua decisão de ir em frente, seja nesse exame ou no próximo, mas está lá para o seu desafio. Faz o exame com algum nervosismo e costuma ficar ansioso pela nota. Muitos alunos se enquadram aqui no começo ou podem ficar com esse perfil, conforme a matéria vai se tornando mais complexa. Mesmo assim, ele tem a coragem necessária para seguir em frente, mesmo que ele leve algum tempo para reunir essa coragem para poder avançar.

O aluno com "síndrome de exame"

Ele termina a matéria geralmente com muita antecedência. Na verdade, era para ter terminado a matéria há muito tempo, mas ele falta e foge dos treinos com medo de ter que fazer o exame quando terminar a matéria. Quando finalmente termina, algo inexplicável acontece com ele: aumenta drasticamente a carga de trabalho, tem uma lesão complicada que o afasta da academia, mudança de casa, de carro, de emprego, de namorado(a), de esposo(a), etc. Este nunca conhecerá o exame de faixa, porque deixa de treinar e some da academia. Colecionamos vários casos assim ao longo da jornada do TSKF, em todas as unidades. Esse é um caso em que o medo é muito maior que a coragem e, por meio do Wu De, sabemos que não importa o que falemos ou façamos pelo aluno. Somente ele pode reunir a coragem necessária para enfrentar o desafio.

(Nota: é claro que existem casos em que a pessoa passa de fato por grandes mudanças em sua vida pessoal que a impedem de ir à academia, e não são desculpas. Mas o leitor saberá diferenciar quando é uma desculpa e quando é um fato real, não?)

Como desenvolver a Coragem para se expor

Faça aquilo que o deixa com medo. Mostre à sua mente que sua coragem deve ser cultivada para que seja sempre maior que seu medo. Numa academia como o TSKF, não há nenhuma ação que vai feri-lo ou oferecer risco à sua pessoa. Portanto, se você fizer o exame e não passar, tudo em você ficará intacto, salvo talvez seu ego. Mas sempre há uma próxima vez para que se possa tentar.

Se falta coragem para falar em público, comece falando para um grupo pequeno, para desenvolvê-la, e depois vá aumentando o tamanho da sua plateia até o ponto desejado. Há história de um instrutor que começou praticando em frente ao espelho de casa e, graças a essa reduzida plateia, hoje ele faz parte da família de sócios e instrutores do TSKF.

Coragem para Mudar

Talvez você não goste do seu emprego ou esteja em um relacionamento que não lhe satisfaz mais. Pode ser que você não goste de morar onde mora. Sei lá, talvez exista algo que não o deixa feliz e que gostaria de mudar em sua vida. Mas não se trata de mudar por mudar, estamos falando aqui de mudar para atingir a sua felicidade, não apenas uma "mudança de ares".

Para realizar a mudança de uma situação qualquer, como as exemplificadas anterirmente, é preciso uma dose boa de coragem. Isso acontece porque o ser humano, de forma inconsciente, busca o conforto e o que é mais fácil. O problema é que aquilo que é mais confortável e o mais fácil nem sempre é o melhor para nós, no longo prazo. "Melhor" aqui significa que você tem um sonho, uma meta, algo que o motiva a levantar da cama diariamente e trabalhar duro para realizar ou, ainda, tornar-se merecedor de ter ou atingir.

Tomando como exemplo uma pessoa que queira eliminar dez quilos do seu peso corporal. Ela vai ao médico e este passa uma série de instruções para que ela siga e consiga seu objetivo. Algumas mudanças na rotina deverão acontecer em termos de alimentação, descanso e atividades físicas, e ela traz para casa todas as instruções devidamente anotadas em um papel.

Ela pode ter ido ao melhor e mais caro médico de sua cidade. Se não tiver a coragem necessária para implementar as mudanças estabelecidas nas instruções médicas, nunca vai perder os dez quilos e as instruções não passarão de um pedaço de papel que não valeu a pena ser gasto.

Nesse caso, a coragem para mudar depende única e exclusivamente da força mental dessa pessoa em colocar em prática o que ela já sabe que é necessário para chegar aonde deseja. Ela poderá contar com estímulos, como um namorado(a) que dá a motivação para a mudança; um amigo na mesma situação que quer mudar também e busca um parceiro nessa empreitada, pode ser qualquer coisa. Mas a chama inicial que fará o processo começar só pode vir de dentro da pessoa. Ela deverá ter a coragem de desafiar a si mesma a sair do mais confortável e fácil para o necessário para realizar um desejo próprio.

Mas aqui cabe verificarmos também o oposto da coragem. Quando se trata de mudanças, o medo pode ser útil da mesma forma. Soa confuso? Na verdade, é bem simples.

Quando eu decidi deixar meu emprego "de gente normal", como costumo dizer, obviamente fiquei com medo da mudança. Meu desejo era grande e sabia que tinha a coragem necessária para seguir em frente, mas o medo estava lá também, me incomodando. Resolvi colocar esse medo para trabalhar ao meu favor. Ele se tornou então uma espécie de conselheiro, com a missão de me dizer tudo o que poderia dar errado em minha decisão de mudança. Escutei várias coisas horríveis que poderiam acontecer, amplamente narradas pelo meu medo. Isso me levou até a única atitude sensata: planejamento.

Passei a planejar com a devida cautela minha mudança de vida, de forma que meus medos fossem neutralizados com um bom plano de ação e uma boa estratégia. O medo se tornou um conselheiro valoroso nessa época. Mas ainda assim, mantive esse conselheiro sempre a uma distância segura e nunca mais próximo de mim a coragem, pois foi ela que me fez agir para chegar aqui hoje e ser capaz de contar essa história.

Bem, dado o devido valor ao medo, não devemos esquecer que ele nunca pode se tornar paralisador e sim algo que o deixa cauteloso, caso contrário vencerá e mais uma pessoa covarde se privará de suas realizações.

A covardia sempre vem acompanhada de uma boa desculpa. A coragem sempre vem acompanhada de um bom motivo.

Coragem para Admitir o Fracasso

Esse é um tipo raro de coragem, num mundo cheio de vencedores e pessoas felizes, se você olhar nas redes socias de uma forma geral. Mas sabemos que a vida real é composta por vitórias e derrotas, felizmente. É isso que nos dá a oportunidade de amadurecer e melhorar onde devemos nos aperfeiçoar.

Uma pessoa sem Wu De, ao falhar, vai rapidamente encontrar um culpado para sua falha ou derrota. Em seu mundo perfeito e infantil, ela não poderia falhar e, se falhou, a culpa é sempre de algum fator externo a ela. Veja, é claro que existem situações em que um fracasso pode acontecer por conta do imponderável. Mas esse imponderável só está presente em pouquíssimos casos em nosso dia a dia, possivelmente em menos de 5% de todas as falhas que podemos vivenciar ao longo de um ano.

Mesmo assim, quando falta coragem para assumir um fracasso, as mais variadas desculpas podem aparecer: "ah, eu não fiz porque fiquei muito ocupado", "não deu certo porque não apareciam pessoas bacanas", "perdi porque a arbitragem não conhece minha forma", "não funcionou porque eu já conquistei tudo o que podia, então não tinha mais motivação". Esses são alguns exemplos de desculpas de quem não tem coragem de dizer: "Eu falhei. Deveria ter me preparado melhor, me organizado melhor, mas não o fiz". Quando uma pessoa de coragem falha ou perde, ela primeiro se culpa, depois observa os fatores externos a si mesma e ver o que dá para ser trabalhado para a próxima vez e, só então, verifica aquilo que ela não poderia controlar. Uma pessoa covarde culpa primeiro o mundo e só depois olha para si mesma, quando olha

Assim, a coragem para admitir o fracasso é essencial para qualquer pessoa que deseja amadurecer. Quando você assume uma falha, se dá a oportunidade de aprender com os erros e, se é uma pessoa que nunca desiste, fatalmente terá uma nova chance de conquistar uma merecida vitória.

Esses três tipos de coragem são muito importantes para a formação de um artista marcial, mas não existem apenas esses três tipos de emprego para ela. Na verdade, há vários outros! Mas todos eles levarão ao mesmo ponto essencial: a coragem é a fagulha que incendeia o coração.

Perseverança: o Dom dos Verdadeiros Campeões

No dicionário, "perseverança" significa:

1. Constância

2. Firmeza

3. Antônimo: inconstância.

Em inglês, podemos encontrar:

"To try to do or continue doing something in a determined way, despite difficulties".[3]

---

3. "Tentar fazer ou continuar fazendo algo de uma determinada maneira, a despeito das dificuldades" (tradução minha)

No capítulo anterior sobre Coragem, comentamos em um dos trechos que esta é a centelha inicial para se realizar coisas. É como o motor de arranque de um carro, responsável por dar a partida em todo o sistema do veículo. Mantendo a mesma alusão de um carro, a perseverança é o combustível que o mantém em funcionamento e o mais importante: em movimento para onde se deve ir.

Vemos e, infelizmente, passamos pela experiência de começar alguma coisa e não terminar. Desistimos na metade, logo após começar ou às vezes perto do final. Em alguns casos, abrimos mão de algo para conseguir outra coisa mais importante para nossa vida. Mas a questão é que muitas vezes desistimos apenas pela falta de perseverança, a falta daquela garra mental em tentar de novo, repetir determinado procedimento novamente ou forçar-se a ir além de determinado ponto mais uma vez.

Quando a perseverança falta, a mente cria uma série de mecanismos para justificar a derrota.

Quando a perseverança se faz presente, a mente cria uma série de mecanismos para impedir seu dono de desistir, na certeza de que a vitória chegará. Vamos observar agora dois efeitos da perseverança: por meio do nosso físico e dos nossos hábitos.

A Perseverança Física, Resultado do Impulso Mental

Quando começamos a treinar, estamos em determinado ponto de desenvolvimento físico. Alguns de nós podem estar bem condicionados, enquanto outros podem estar sedentários há muito tempo e sem qualquer tipo de condicionamento físico. Independentemente disso, em algum momento da aula ou mesmo com o passar do tempo e do treino surgirá algum desafio físico. Pode ser a resistência ou a quantidade de repetições das flexões de braço, mas chegará o desafio para seu corpo.

Uma pessoa sem perseverança pode fazer o novo desafio uma vez, talvez duas. Mas o cansaço físico será mais forte e o corpo vence a mente, fazendo ela executar o exercício de maneira incorreta ou, ainda, fazendo-a desistir de executar o novo desafio. Perseverança fraca, resultado fraco. Não é incomum pessoas desistirem da academia por causa da falta de perseverança, elas podem até criar mecanismos mentais para justificar sua desistência: "ah, o instrutor fica pegando no meu pé...", "eu fico muito cansado no dia seguinte...", "o pessoal da academia fica me olhando torto...". Podem não ser boas desculpas, mas você ficaria espantado com a quantidade de vezes em que elas são usadas.

Mesmo os instrutores e sócios do TSKF podem ter que colocar sua perseverança à prova. Nós treinávamos com o Mestre Gabriel aos domingos pela manhã, alguns às 9 horas e outros às 10 horas. Isso significa que, mesmo aos domingos, um dia de descanso para grande parte das pessoas, estávamos "trabalhando", cuidando do nosso próprio Kung Fu, sob a supervisão do Mestre. É claro que nós eventualmente nos sentimos cansados, mas mesmo assim, nossa perseverança não nos permite abrir mão do nosso dever e da busca pelo constante aperfeiçoamento e aprendizado do nosso Kung Fu. Esta atitude leva, por consequência, a comparecermos em nossas aulas dominicais, vencendo o desejo de preguiça que o corpo eventualmente pode mandar.

Ao longo do tempo, infelizmente, observamos casos de instrutores que falharam nessa perseverança, perdendo as aulas de domingo constantemente (mas nunca a festa do dia anterior) ou não dando a devida importância para a qualidade da própria técnica. Com esse posicionamento, acabavam tendo seu desenvolvimento desacelerado ou mesmo interrompido no currículo de sua própria faixa. Não tiveram a perseverança de se manter treinando com o afinco necessário para evoluírem da maneira adequada, fisicamente falando. Deixaram sua limitação física ser exatamente isto: uma limitação.

Isso revela que os instrutores são humanos também, sujeitos aos mesmos processos e falhas que qualquer outra pessoa pode vivenciar. Ao mesmo tempo, conscientes disso, podem buscar o oposto: condicionar seu corpo para que ele seja sempre conduzido pela mente. Assim, se deseja desenvolver a virtude da perseverança, em termos físicos, o caminho é muito simples: faça o que precisa ser feito pelo tempo necessário para atingir o que você busca. Sem atalhos. Sem desculpas. Você pode até falhar no processo, mas a perseverança é formada justamente nesses momentos: ao falhar, tentar de novo é a única opção dos campeões.

Mas além do físico, somos formados também por hábitos, e a perseverança, desenvolvida na mente e aplicada ao físico, também deve ser observada por meio de outro tipo de interação, a interação com os pensamentos: hábitos.

Perseverança em Hábitos, Resultado do Impulso Mental

Uma rápida metáfora: todos sabem da importância de escovar os dentes três vezes ao dia, pelo menos, e (torço) cumprimos essa recomendação. De manhã, em especial, você entra no banheiro e a ação é automática, pega a escova, coloca a pasta e começa o procedimento.

Mas e o fio dental? Você o usa também constantemente? Os dentistas recomendam a mesma frequência que o uso da escova, e muitas pessoas cumprem essa recomendação à risca. Mas, se você, ao acabar de escovar os dentes, para e pensa por um momento se deve ou não usar o fio dental, significa que o hábito ainda não está formado em você, o que é absolutamente normal.

Para que o uso do fio dental se torne tão automático quanto o uso da escova, você terá de empregar a perseverança para a criação desse hábito. Veja que não se trata de um esforço físico, basta apenas condicionar a mente a ordenar ao corpo que realize uma ação em determinada condição.

Ao treinar Kung Fu, podemos passar pelo mesmo processo de criação do hábito, em especial quando você inicia seus treinos. Estabelecer uma nova rotina, que contemple sua visita à unidade TSKF mais próxima de você, é relativamente fácil nos primeiros dias, dada a novidade que isso representa. Com o passar do tempo, se você não estiver com o hábito de ir treinar devidamente desenvolvido, as demandas do trabalho, os convites para os *happy hours*, o cansaço mental do dia de serviço, o trânsito e uma série de coisas vão o desviando da construção do novo hábito e, por mais que ele traga saúde e bem-estar ao seu dia a dia, sua mente vai optar pelo que é mais fácil e de prazer imediato, e isso vai afastando-o da academia. Quando você menos esperar, desistiu da academia e não sabe nem dizer o porquê; se perguntando, vai dar a famosa desculpa genérica que não tem significado nenhum: "estou sem tempo".

Os únicos caras que conhecemos no mundo que têm tempo para tudo estão no cemitério... Tempo você tem. O único culpado pelo uso dele é você.

Ok, mas onde entra a perseverança nisso? Já explicaremos. Mas antes, vamos definir um conceito aqui: uma pequena diferença na *performance* acarreta um resultado superior. Numa corrida de cavalos, o primeiro colocado ganhou por um focinho e faturou US$ 15.000,00. O segundo colocado faturou US$ 5.000,00.

Isso significa que o primeiro colocado era três vezes mais rápido que o segundo? Com certeza não, mas uma pequena diferença no desempenho, traz um grande resultado.

Há muito tempo, o Mestre Luiz Fabiano começou a treinar no TSKF. Na época ele trabalhava como *office boy* e, após sua jornada de trabalho, passava em casa, pegava suas coisas da academia e rumava para o TSKF Matriz, que ficava em outro endereço naquele período e era do lado da casa antiga dele.

Assim como qualquer outra pessoa, ele teve de colocar sua perseverança à prova, já que também se sentia cansado após um longo dia de corre-corre, amigos convidando-o a fazer outras coisas no lugar de ir para a academia, etc. Então ele teve uma ideia bem interessante: no lugar de sair do trabalho, ir até a sua casa, pegar suas coisas da academia e ir treinar, ele passou a levar seu uniforme junto com as demais coisas que usaria ao longo do dia de trabalho. No caminho de volta, ele não iria mais para casa e seguiria direto para a academia, e só depois do treino rumaria para sua residência para encerrar o dia.

Uma pequena diferença no desempenho traz um grande resultado.

Perseverança: o Dom dos Verdadeiros Campeões 75

Hoje, o Mestre Luiz Fabiano é o primeiro Mestre formado pelo Mestre Gabriel, empresário, árbitro de nível internacional, campeão mundial de Kung Fu e estudante da natureza humana. E se ele tivesse deixado as roupas da academia em casa?

A perseverança em treinar Kung Fu fez com que o Mestre Luiz desenvolvesse novas maneiras de fazer as mesmas coisas, modificando seus hábitos para que eles atendessem a um desejo maior de sua mente.

Assim, a perseverança para criar, modificar e eliminar hábitos deve ser empregada da mesma forma com que fazemos com nosso físico: faça o que precisa ser feito pelo tempo necessário para atingir o que você busca. Sem atalhos. Sem desculpas. Você pode até falhar no processo, mas a perseverança é formada justamente nesses momentos: ao falhar, tentar de novo é a única opção dos campeões.

Mas por que o mesmo procedimento para coisas distintas como o esforço físico e um hábito diário? É bastante simples: a mente SEMPRE conduz o corpo para qualquer coisa. Nós podemos deixá-la decidir livremente ou condicioná-la a agir de acordo com um desejo maior, uma busca por algo além do nosso estado atual. Pode ser uma condição física, uma condição social, uma realização, uma meta.

A perseverança em perseguir o que se deseja, dia após dia, com afinco e sem fraquejar é o que forma os campeões.

A Suprema Virtude dos Deuses

No dicionário, "paciência" significa:

1. Virtude de quem suporta males e incômodos sem queixumes nem revolta.
2. Qualidade de quem espera com calma o que tarda.
3. Perseverança em continuar um trabalho, apesar de suas dificuldades e demora.

Em inglês temos:

"The ability to accept delay, suffering, or annoyance without complaining or becoming angry".[4]

Em um mundo hiperconectado, temos acesso a qualquer informação rapidamente, podemos acompanhar o que pessoas

---

4. "Habilidade de aceitar atrasos, sofrimentos, ou perturbações sem fazer reclamações ou irritando-se" (tradução minha).

estão fazendo praticamente em tempo real e todos os projetos, sejam importantes ou urgentes, são para semana passada (antigamente se dizia que eram para ontem).

Velocidade é a palavra-chave. Velocidade na via, de conexão, do processador, do aplicativo, etc. Ainda assim, não se criou um mecanismo para que um ser humano possa vir a este mundo em menos de nove meses, em média. Mesmo a capacidade geradora de nove mulheres não é capaz de gerar uma criança em um mês. Um resfriado continua demorando uma semana para sarar quando você toma remédios, e sete dias para sarar se você não os toma.

Por mais que estejamos em eterna evolução do "mais e mais rápido", o Universo (tenha ele a forma que for para você) se diverte com a gente, fazendo com que certas coisas continuem exigindo a boa e velha paciência.

Dentro do Wu De, podemos observar a paciência em ação quando reagimos a determinadas condições. Veja novamente esta definição de "paciência":

"Habilidade de aceitar atrasos, sofrimentos ou perturbações sem fazer reclamações ou irritando-se".

O que são "perturbações"? Perturbações são coisas que tiram você do seu estado normal, o famoso "testar sua paciência". Desenvolvendo isso um pouco mais: uma perturbação é algo que interfere no curso natural de alguma coisa. Se pensarmos em Física, um objeto com uma força e velocidade constantes parte de A em direção a B, e no ponto x recebe uma força perpendicular de n. Isso é uma perturbação no caminho dos objetos A e B.

Complicado? Que tal assim: Dimitri sai de casa e vai para o bar, caminhando tranquilamente. Ao chegar à esquina, um meteoro cai na sua frente, forçando-o a se desviar e procurar abrigo. Horas depois, ele chegar ao bar, são e salvo.

Nesse novo exemplo o meteoro é uma perturbação.

Dentro do Kung Fu, podemos observar essas perturbações em diversos momentos. Ao começar a treinar, o corpo é "perturbado" pelo esforço físico, e pela manifestação da dor (muscular em essência) comunicou seu incômodo e reclamação ao seu usuário. E isso se sucede ao longo das primeiras semanas de treino.

Ao ser paciente com o próprio corpo e a própria habilidade, ambos em franco desenvolvimento graças ao treino de Kung Fu, a pessoa começará a observar os benefícios de ter sido paciente consigo mesma. O corpo vai se habituando ao esforço e algumas dores podem ser sentidas apenas com uma mudança no treino, incremento de exercícios ou algum estímulo novo. Mas de forma geral as dores musculares são muito mais leves, quando comparadas ao início.

Entretanto, o que é muito comum de se observar, não apenas no Kung Fu, mas também em vários outros campos, é a pessoa dizer a si mesma: "eu não sirvo para isso, não levo jeito" e desistir. Quando ocorre a perturbação, ela permite que isso a abale de tal forma que desiste da empreitada, agindo de maneira contrária às definições de paciência, que estão no começo deste capítulo. Ora, é claro que ela não leva jeito no começo. A grande maioria das pessoas não leva jeito para determinada coisa no começo. Ou você, num belo dia, apenas se levantou e início a andar, já que estava entediado de apenas engatinhar?

Assim, a paciência deve ser empregada sempre que quisermos desenvolver uma nova habilidade ou uma nova condição física, não permitindo que as perturbações gerem interferência significativa na sua forma de agir.

"Mas isso não é falta de perseverança?", perguntará o leitor atento que leu o capítulo anterior.

Não exatamente. Mas pode soar um pouco confuso, por isso, vamos ver como se relaciona a paciência com a perseverança. Se lembrarmos do exemplo do carro de que falei antes: se a perseverança é o combustível do veículo, pense na paciência como o óleo que lubrifica o motor e faz com que as peças não gerem atrito desnecessário umas nas outras. Se você pensar no atrito como dificuldades e perturbações, ficará ainda mais simples.

Outro aspecto importante da paciência tem a ver com a definição: "Qualidade de quem espera com calma o que tarda", que lembra da história do Mestre Gabriel, quando começou no TSKF.

Ele saía do trabalho e corria para abrir a academia, prepará-la e deixá-la pronta para funcionar no horário estabelecido. Uma vez aberta a academia, ele esperava. E esperava. Muito. Ainda não havia nenhum aluno na academia, por isso ele não tinha aulas para dar. Aí ele escutou passos subindo a escada e se preparou para atender ao cliente, potencial novo aluno. Centenas e centenas de alunos depois, o resto é história.

Mas e se o Mestre Gabriel não tivesse tido a paciência necessária para esperar que seu método de trabalho rendesse frutos? Assim como qualquer empresa, uma academia TSKF também passa por uma fase inicial e a realidade existente nela. Leva tempo para que todo o investimento de esforço e de capital renda frutos, e uma pessoa desprovida de paciência fatalmente não terá êxito trabalhando como empresária. É evidente que mesmo pessoas que não sejam empresárias precisam também de boa dose de paciência para aquela merecida promoção ou para aguardar o tempo necessário para que aquele projeto renda os méritos esperados na companhia.

É uma pena que muitas pessoas pensem que basta abrir uma academia, outro negócio, ou mesmo completar um MBA ou doutorado, e esperar que o sucesso seja imediato e sem novas perturbações para exercitar a paciência.

Todas essas coisas são só ferramentas adquiridas, e será apenas por meio do trabalho paciente que elas serão capazes de dar resultados a seus donos. Nada de significativo e duradouro na história da humanidade foi feito rapidamente. Tudo teve um tempo certo de nascimento, amadurecimento e resultados.

Concluindo esta visão da paciência: o ser humano tem diversas reações no que diz respeito às perturbações. Ele pode reagir com raiva, medo, egoísmo, altruísmo, coragem, alegria, etc. Mas quando o artista marcial desenvolve a paciência, sua reação dele a uma perturbação é muito diferente. Vai reagir a ela de acordo com a necessidade para continuar seu caminho na direção que deve ir. Claro que ele também poderá reagir com raiva, coragem, alegria e por aí vai. Mas a paciência permitirá DECIDIR como reagir, e não mais terá uma reação instintiva e, eventualmente, exagerada ou descontrolada.

A Chama Eterna (e Por que os Perdedores Morrem de Frio)

"Determinação" é definida, em português, como:

1. Definição, indicação ou explicação exata.

2. Demarcação.

3. Ordem superior; prescrição.

4. Resolução, decisão.

E em inglês:

"The ability to continue trying to do something, although it is very difficult".[5]

---

5. "A habilidade de continuar a tentar realizar algo, mesmo que seja muito difícil" (tradução minha).

A Determinação é mais uma das Moralidades da Mente do Wu De. Ser decisivo é algo fundamental desde a China antiga. A habilidade de ser decisivo influenciava o resultado de batalhas, de amores e de tudo mais que valia a pena. Hoje em dia isso não é diferente, entretanto, definitivamente é mais difícil.

Somos bombardeados com uma infinidade de informações que nos dizem como devemos decidir em cada questão do dia a dia. Qual pasta de dente usar? A do comercial da TV? A que o seu dentista recomenda? A que está na revista que você assina? A que a sua mulher usa? Qual dessas influências é de fato benéfica para a sua resolução e qual influência a sua decisão baseada em outros interesses?

Há alguns anos, estava trabalhando no meu antigo emprego e me sentia desmotivado. Não por conta do trabalho, que era desafiador, com profissionais de alto nível ao meu redor e com uma remuneração adequada, eu estava infeliz com a minha carreira.

Dentro das premissas que nossa sociedade coloca para ser feliz, eu estava relativamente bem posicionado. "Arrume um bom emprego. Trabalhe bastante. Estude e se forme. Faça uma pós. Fale inglês. Compre coisas, mesmo que parceladas. Tenha carro, mesmo que seja financiado. Reclame das segundas. Celebre as sextas. Saia aos sábados. Lamente as noites de domingo."

Veja, não há absolutamente nada de errado com essas premissas. Muitas pessoas as vivem cotidianamente e, observando isso tudo hoje, vemos que as que vivem dessa maneira estão certíssimas. Hábitos e premissas constroem o ser humano e cada um adota os que são melhores para si. Mesmo aqueles que adotam certos comportamentos sem fazer uma escolha consciente também fizeram uma escolha e estão, igualmente, certos. O importante é ser feliz, como diz o Mestre Gabriel. E eu não estava.

Percebi que precisava mudar meu rumo profissional e que gostaria de ter as rédeas dele. Isso significava, ao menos para mim, que eu deveria me tornar empresário. Tive várias ideias de como dar essa guinada na vida, mas alguma coisa me impedia de abraçá-las e de romper com a vida que eu estava levando.

Podemos encontrar pessoas assim em nosso dia a dia, que querem mudar, que podem até saber o que desejam mudar. Pessoas que conhecem muito sobre a mudança que ambicionam fazer, mas algo ou alguém mina a confiança estabelecida por esse conhecimento e impede o indivíduo de avançar. Quando falta determinação, a pessoa não consegue tomar uma decisão e agir em torno dela. Sem a determinação, a pessoa sabe que, ao decidir, pagará um preço pela sua escolha. E muitas vezes o conforto e a falsa segurança da vida a impedem de escolher o melhor, então simplesmente opta pelo mais fácil.

Por isso a chama da determinação é tão importante. Quando mesclada com a coragem e a perseverança, ela é capaz de provocar mudanças efetivas na vida das pessoas. A determinação tem a propriedade de incendiar todo o seu corpo, fazendo com que você se movimente para realizar aquilo que ousou desejar e enfrentar toda e qualquer dificuldade, mesmo cansado, com sono ou com fome. Nos dias de hoje, enfrentar dificuldades significa muitas vezes pensar em soluções novas para problemas velhos, de forma que você possa realizar aquilo que se propôs, ou venha a ter tempo de construir aquilo que deseja.

No meu caso, a minha chama se acendeu e minha determinação passou a me aquecer quando decidi me tornar instrutor no TSKF. Eu já treinava há vários anos e, após concluir a faculdade, passei a treinar com uma frequência mais adequada para quem, na época, era faixa vermelha. Meu treino seguia bem e, aproveitando os momentos sozinho que tinha entre a academia e minha casa, passei a refletir sobre a fase que atravessava na minha vida profissional. Alguns dias depois, cheguei à pergunta que foi fundamental para acender minha determinação em torno de um firme propósito: eu gostaria de trabalhar com o que estou trabalhando quando eu chegar aos 40 anos?

A resposta foi um sonoro "não". O que me levou à próxima pergunta, bastante óbvia: "E o que eu gostaria de fazer quando tivesse 40 anos?". Levei mais alguns dias para chegar à resposta, que foi mais ou menos assim: "Ah, eu gosto de Kung Fu. Os caras da academia vivem apenas disso. Eu gostaria de viver do Kung Fu quando fosse mais velho". Resposta bastante simples, não? Mas ela me levou a uma reflexão maior na sequência, ainda mais depois de ter feito o Curso de Instrutor, para descobrir como era a "vida do outro lado".

Eu sabia que ia precisar compor uma renda com a academia que me permitisse deixar meu emprego convencional. Isso levaria tempo e, provavelmente, eu teria de ser sócio de mais de uma academia para tanto.

Percebi também que iria trabalhar muito mais do que o habitual, já que eu teria "dois empregos": meu emprego normal, que pagaria as contas e financiaria minhas futuras academias, e meu trabalho de verdade, que era o que eu gostaria de fazer em meu futuro. Ao todo seriam 13 horas trabalhando, mais três de deslocamento... Fazendo as contas, seriam 16 horas, e se dormimos oito horas, completam-se as 24 horas do dia, certo? Sim, se você não come, não toma banho nem cuida do seu relacionamento conjugal e demais coisas do dia a dia.

Nessa época, aprendi o que a expressão "sleep faster" dita uma vez por Arnold Schwarzenegger queria dizer.

Os finais de semana eram dedicados a duas atividades básicas: à academia e à minha esposa Cris. Sábados de manhã as academias funcionam normalmente e era onde eu deveria estar (até para aprender o Tai Chi, que eu não tinha oportunidade de fazer nas noites da Matriz). Sábado à tarde haviam outros treinos complementares.

Aos domingos (na época) eu tinha a Aula de Instrutores pela manhã, seguida da Dança do Leão. De vez em quando havia o exame (na época, uma vez ao mês) e eu ficava na Matriz pela tarde também. Todo o tempo restante era da Cris.

É claro que era uma rotina cansativa. Mas não era, de modo algum, uma rotina estressante.

Temos uma tendência a associar cansaço e estresse. Eu não ficava estressado por conta da longa rotina semanal. Muito pelo contrário, me sentia realizado. A determinação dá esse tipo de energia para a pessoa: você consegue continuar indefinidamente com uma linha de conduta, sem fraquejar ou hesitar. Você faz o que deve ser feito, independentemente dos obstáculos. Na verdade, não via nada disso com um obstáculo. Para mim eram apenas etapas para construir a resposta à minha pergunta: "o que eu gostaria de fazer quando tivesse 40 anos?". E eu estava determinado a ter a resposta disso em minhas mãos e sob o meu controle.

O leitor e, provavelmente, a leitora mais atenta perceberá que a Cris tinha um espaço reduzido na agenda, o que coloca qualquer relacionamento em "alerta amarelo". Deixe-me esclarecer que não é a quantidade de tempo que importa em uma relação, mas a profundidade do sentimento que une duas pessoas. E a Cris foi a peça mais importante no desenvolvimento da minha determinação. Ela foi a prova definitiva de que eu estava no caminho certo.

Quando decidi virar instrutor eu já tinha feito o Curso com o Mestre Gabriel, e uma das coisas que ele disse foi: "Ao virar instrutor, se você tiver namorada, ela vai deixá-lo. Ela é a pessoa que deveria apoiá-lo,, mas o que vejo na maioria dos casos é o contrário. Ela é a primeira pessoa a abandonar você".

É claro que eu fiquei com medo de perdê-la, por outro lado, sabia do fundo do meu coração qual era a minha escolha, e nada nem ninguém poderiam se colocar contra o que eu determinei que fosse o meu caminho. Eu estava em conflito e, como em todo bom conflito, se você tiver uma estratégia, pode resolver a questão sem pegar em armas, provocando o mínimo de baixas possível. E meu coração não queria nenhuma baixa, nem da mulher que eu amo nem do trabalho dos sonhos. Era preciso colocar a estratégia em prática.

Antes de conversar com o Mestre, sentei-me numa bela noite com a Cris e contei para ela sobre minha decisão de me tornar instrutor. Expliquei da maneira mais simples e completa possível o que isso custaria, com base no que tinha de informação na época. Mais importante do que explicar meus motivos para ela, procurei demonstrar minha determinação em seguir esse novo rumo e que eu não poderia escolher outro caminho, também não abriria mão de tê-la ao meu lado.

As mulheres em geral têm uma habilidade de percepção fantástica. Acredito que a Cris percebeu em mim a determinação para abraçar essa nova jornada e notou que era um fogo que não se acabaria com o tempo, tanto para tê-la ao meu lado quanto para seguir meu caminho no TSKF. Sempre tive muita consciência da grande quantidade de sacrifícios que a Cris fez por nós, aquecida pelo fogo que eu proporcionava e que nela também se inflamou.

A determinação é um fogo que pode se espalhar, mas apenas quando ele queima forte dentro de você. Se sua chama interna é forte, ela é capaz de inflamar outras pessoas. Mas se sua determinação é fraca, sua chama também será. Como você pode aquecer alguém se você mesmo está frio?

Acredito que, talvez de maneira até inconsciente, a Cris percebeu o tipo de fogo que queimava em mim naquela noite, e ela também acreditou que eu realizaria tudo o que disse que faria (e de fato, realizei). Ela aceitou me seguir nesse caminho incomum, sabendo que seu papel seria de grande importância (e de fato, é!). O próximo passo foi conversar com o Mestre.

A conversa com o Mestre foi tensa, como eu acho que deve ter sido para todos que passaram por ela, mas de forma alguma ruim. Mas para essa história, e para mim, o grande momento dela foi algo parecido com o que se segue:

Mestre: – Tudo bem, eu até posso colocar você aqui como aprendiz no período da noite. Mas acho bom você conversar com sua noiva antes...

Eu: – Sim, senhor! Na verdade, eu já conversei com ela e ela está apoiando totalmente minha decisão.

Mestre: – Ah é?! Então tá bom. Você só precisa me dizer quais dias e horários vai poder estar aqui.

Eu: – Diariamente. De segunda a sexta, à noite. De sábado e domingo, o tempo necessário.

Mestre: – Ok, você começa amanhã.

E o resto é história... Assim, eu aprendi que a determinação é capaz de lhe dar forças inimagináveis para realizar um feito, para se obter uma vitória. Sem determinação, qualquer plano falhará. Agindo com determinação, um bom planejamento adquire força para sair do papel e existir no plano físico.

Isso significa que podemos materializar nossos sonhos. E materializar nossos sonhos nos torna seres humanos completos.

A Potência
da Alma

Eis aqui algumas das definições que o dicionário mostra sobre "vontade":

1. A principal das potências da alma, que inclina ou move a querer, a fazer ou a deixar de fazer alguma coisa.
2. Energia, firmeza de ânimo, fortaleza e perseverança no querer ou realizar.
3. Resolução.

Agora, vamos ver como entender essas definições e conceitos dentro do Wu De.

A Principal das Potências da Alma, que Inclina ou Move a Querer, a Fazer ou Deixar de Fazer Alguma Coisa

Faça dez flexões de braço agora. Após fazê-las, continue lendo.

Esse pequeno autoexperimento permite ilustrar o que significa vontade, segundo o Wu De.

Se você fez ou não as flexões de braço, não importa muito. Mas vamos analisar o que o levou a tomar essa decisão.

A força de vontade permite que façamos coisas e realizemos feitos de diversas naturezas: profissionais, em relacionamentos, etc. Essa virtude antecede toda e qualquer decisão, e gera ou não a capacidade de fazer um ato.

Se você não fez as flexões de braço, pode apresentar muitos argumentos válidos, como: estou de terno, estou dentro do ônibus lotado, estou de vestido, estou dirigindo, o pedido é absurdo, etc.

Se você fez as flexões de braço, os motivos serão outros: não estou fazendo nada mesmo, mais flexões é algo sempre bom, gostei da ideia, e assim se sucede. Como eu disse, independentemente de ter feito ou não, se você refletir bem, observará que um pensamento tomou a decisão de executar a série ou não. Esse pensamento curto, rápido e decisivo é a manifestação da sua força de vontade. Todos os pensamentos que vieram depois foram racionalizações para justificar e dar base para sua vontade. Assim, podemos afirmar categoricamente que se você fez as flexões ou não, o verdadeiro motivo é um só: ou você teve vontade ou de fazê-las não.

Algumas pessoas podem ter mais força de vontade que outras, entretanto, é possível desenvolvê-la de maneira simples. Sempre que você não tiver vontade de fazer algo, faça mesmo assim, se aquilo for ao encontro dos seus objetivos. Se você tiver vontade de fazer algo que não vai levá-lo ao encontro de suas metas, não faça. Com o tempo você condiciona sua vontade a agir de forma inconsciente ao seu desejo consciente.

Ainda dá tempo de fazer aquelas dez flexões...

Energia, Firmeza de Ânimo, Fortaleza e Perseverança no Querer ou Realizar

O ciclo de uso da força de vontade cosiderado energia e firmeza pode ser observado na Resistência (ficar parado na posição do Cavalo por determinado tempo, um teste de força para membros inferiores). Imagine que você está no seu exame de faixa e chegou o momento de fazer a Resistência. Sua decisão de fazer esse último teste já foi tomada e lá está você disposto a cumpri-lo.

Você inicia seu tempo na posição do Cavalo. Após alguns instantes/minutos, sua reserva de energia no músculo termina, sua musculatura se cansa completamente e, talvez, o ácido lático vá se manifestar, fazendo suas pernas arderem de dor. Biologicamente falando, chegou o momento de descansar dessa postura.

Entretanto, o tempo necessário para você cumprir ainda não chegou, e é aí que o corpo manda um sinal para sua mente/força de vontade dizendo "desista". Para aqueles que estão prontos para a próxima faixa de nosso currículo, a força de vontade dará o seguinte comando ao corpo: "não desistiremos, portanto, não se mexa!". O corpo poderá responder: "vamos quebrar!", e a força de vontade, devidamente condicionada, responderá: "ok, quebre então, mas depois do tempo".

Não apenas dessa forma, mas também assim é que se formam os graduados, donos de uma força de vontade cultivada para serem diferentes das pessoas comuns.

No mundo dos negócios, a força de vontade se faz presente em vários dos grandes nomes atuais. Como exemplo, podemos citar o início da rede de cafeterias Starbucks, como a conhecemos hoje.

Como assim "como a conhecemos hoje?", você poderá perguntar. Bem, a Starbucks começou de uma forma muito diferente do que vemos hoje. Ao ser fundada, a empresa era uma vendedora de grãos de café de alta qualidade de várias partes do mundo. Mas não vendia cafés prontos.

Para os sócios, café era algo para se fazer em casa. Howard Schultz entrou na empresa em 1982 e pôde observar que havia uma grande oportunidade em vender cafés prontos na loja, além dos grãos. Ao propor essa nova visão para os donos da Starbucks, recebeu uma negativa e, sem deixar sua força de vontade se abalar na realização de seu projeto, saiu da empresa e criou a cafeteria chamada Il Giornale, que foi um tremendo sucesso na cidade de Seattle.

O sucesso dessa visão foi tão grandioso que em 1987 Schultz comprou a Starbucks e a transformou no padrão atual.

Assim, podemos ver a força de vontade em ação para criar uma visão de negócio. Um forte obstáculo foi contornado e, com ânimo e energia, esse mesmo obstáculo tornou-se apenas uma etapa vencida de uma história de sucesso.

Resolução

Uma resolução está relacionada com uma decisão. Pessoas de grande força de vontade, quando tomam uma decisão, passam a agir de acordo com ela, sem olhar para trás e superando qualquer empecilho no cumprimento de sua resolução.

O próprio Mestre Gabriel nos deu vários exemplos disso, no processo de criação do TSKF.

Quando ele decidiu viver apenas do Kung Fu, somente do seu *hobby*, ele teve de conciliar seu trabalho como analista de sistemas durante o dia com o de Mestre de Kung Fu durante a noite. Sacrificou incontáveis horas de lazer para construir as bases que permitiram o TSKF ser o que é hoje, sacrificou muito do tempo que tinha para dona Ana, seus pais, familiares e amigos para se desenvolver como pessoa e poder nos ensinar várias lições.

Mesmo assim, ele seguiu sua resolução e o resultado de parte disso podemos observar hoje. Quando eu digo "parte disso", se deve ao fato de que ele ainda tem mais por realizar e quer fazer mais, dentro do modo de vida que escolheu para si.

Ainda dentro da estrutura de sócios do TSKF, vez ou outra voltamos para o debate sobre a resolução de conjunto de regras para viver. Em geral, profissiuonalmente falando, temos dois conjuntos de regras para viver: ou é empregador ou você é empregado. Não há nada que desabone um ou outro, uma vez que cada um deles tem seu conjunto de vantagens e desvantagens. O importante é efetuar a resolução de viver com um desses conjuntos de regras e conquistar a realização profissional que todos nós merecemos.

O que não pode acontecer é deixar alguém, ou alguma coisa, tomar essa resolução por você. Ou ainda fazer sua resolução, mas sempre se queixar dela. Se você é empresário, por exemplo, se queixar que trabalha demais e não tem tempo de tirar férias. Se você é empregado, em outro exemplo, se queixar que não recebe um salário justo por tudo o que você estudou.

Deixar o mundo, família ou qualquer um que não seja você fazer a resolução do que você vai ser ou com o que vai trabalhar é uma das piores resoluções que poderá tomar nesta vida.

Cara Grossa,
Coração Negro

Em dicionários, a definição de "disciplina", seja em inglês ou em português, é insuficiente para descrever o que ela significa, que é a união de todas as Moralidades da Mente. Assim recorreremos a uma expressão em chinês, chamada "Cara Grossa, Coração Negro". Vejamos o que significa cada uma dessas expressões.

Cara Grossa: a qualidade de ser imune a críticas ou opiniões negativas dos outros. A habilidade de deixar de lado suas próprias dúvidas e medos, e proceder como se a vitória fosse inevitável.

Coração Negro: a qualidade de ser apaixonadamente comprometido com as ações que você deve tomar para atingir um objetivo enquanto, simultaneamente, não demonstra compaixão ou preocupação em como os outros serão afetados por essas ações.

Aquele que possui a máxima expressão de disciplina se torna a personalização do termo Cara Grossa, Coração Negro. É necessário ter coragem para abraçar atitudes disciplinadas. Perseverança para permanecer no caminho da disciplina. Paciência para que a disciplina amadureça e renda os frutos esperados. Determinação para manter o mesmo entusiasmo, dentro do caminho da disciplina. Por último, mas não menos importante, a força de vontade, para que seu espírito não se abale com os obstáculos que surgem no caminho dos que seguem a trilha da disciplina.

Ao observarmos as Moralidades da Mente unidas em torno de uma mesma causa, podemos entender que elas são complementares umas às outras. Podem até causar certa confusão em seus papéis, mas elas agem como um elo entre o preto e o branco e, cada um dos seus tons mais claros ou mais escuros, por mais parecidos que sejam, não são iguais, e funcionam como uma ponte entre onde você está e aonde quer ir.

Vejamos agora cada um dos termos da nossa expressão e como eles podem ser aplicados dentro, e fora do Kung Fu em nosso dia a dia.

Cara Grossa

A virtude Cara Grossa é a disciplina relacionada às pessoas. Quando você começa a fazer algo, ou demonstra paixão por algo, as pessoas o julgam, já que você não faz como a grande massa de indivíduos. Mas vamos deixar os exemplos da cultura brasileira de lado por um momento, sim? Vamos ver como as coisas se aplicam à natureza humana e não a este ou àquele país.

Imagine que você é um finlandês. Paisagens brancas, muitos agasalhos e carros com tração nas quatro rodas fazem parte da sua realidade. E você é um grande fã do samba brasileiro. Todos os fins de semana, durante uma hora, faz aulas de samba com mais meia dúzia de pessoas em um estúdio. Com o passar do tempo, você passa a se interessar mais e mais pela cultura brasileira e começa a ficar muito bom com esse lance de samba.

Sua família passa a lhe perguntar se você ainda está fazendo aquelas aulas de "bolero", seus amigos acham estranho que você não queira assistir ao jogo de *hockey* nem ver corridas de rali na neve para treinar para uma apresentação da sua escola. Suas férias? Vendo o Carnaval no Rio de Janeiro.

Pessoas costumam reprovar aquilo que foge da realidade/senso comum delas, mesmo que seja uma reprovação velada, trocando o nome da dança que você faz ou brincando com sua nova "loucura", enquanto os "normais" vão assistir a um jogo e tomar *vodca*.

Um indivíduo de Cara Grossa será surdo e cego aos obstáculos, reprovações, deboches e descréditos que sofrerá de outras pessoas. As outras pessoas não importam. O que importa é fazer aquilo que você se propôs a realizar, da maneira certa e seguindo seu coração. Ninguém é capaz de viver por meio do seu coração, logo, ninguém é capaz de sentir o que você sente quando faz aquilo que ama. O que lhe resta é seguir em frente, com a "Cara Grossa", imune ao que as pessoas falam.

O outro lado de "Cara Grossa" diz respeito à sua disciplina diante dos seus próprios medos.

Falamos sobre coragem antes e a sua relação com o medo. Mas ao valer-se da virtude "Cara Grossa", o medo torna-se um componente inútil, pois tudo será feito de maneira completa, contemplando, inclusive, o planejamento e as precauções que o medo pode fazê-lo tomar.

Uma pessoa disciplinada tem a absoluta certeza da vitória. Sabe que ela virá e que deve ser perseguida com o entusiasmo necessário, dia após dia, em todas as suas ações, a cada inspiração e a cada expiração. Cada segundo vivido é uma etapa para conseguir o que se deseja, e não há tempo para sentir medo ou escutar os receios da mente. Eles são silenciados pela certeza de ação que a disciplina gera. Ainda que a meta buscada não esteja visível, a pessoa disciplinada já a vê, real e palpável, à sua frente. E, se ela já é visível, por que temer que ela não se concretize, se todos os passos estão sendo feitos diligentemente?

Coração Negro

Mestre Gabriel costuma dizer: "no topo da montanha não há espaço para muita gente". Se você procura sempre agradar as pessoas à sua volta, busca a aprovação da família ou amigos o tempo todo, possivelmente será mais difícil desenvolver a virtude do Coração Negro.

A disciplina expressada por meio da virtude do "Coração Negro" é rara como um diamante. Somente as pessoas mais apaixonadas pelo que fazem conseguem expressar essa atitude. Nos últimos 50 anos, pudemos observá-las em ação, em diversos campos: Mahatma Ghandi, Steve Jobs e Michael Schumacher são três nomes que podemos citar facilmente. Uma dedicação sem igual por uma causa, que se tornou uma missão, uma razão para sua existência. Todos eles tinham ou têm mais coisas na vida, além daquilo que os fizeram famosos e de grande sucesso, que eles valorizavam ou valorizam grandemente. Mas ainda assim, PRIMEIRO, empregaram a disciplina para realizarem aquilo que consideraram sua missão em vida.

Eis a essência do Coração Negro: agir disciplinadamente em busca do seu objetivo ou propósito, colocando isso acima de tudo e de todos. Naturalmente isso não significa quebrar as leis, mas, muitas vezes, as regras.

Sabemos que pode soar egoísta quando se diz "não demonstra compaixão ou preocupação em como os outros serão afetados por essas ações", mas vamos deixar a tendência para a interpretação ruim de lado e vejamos que, na verdade, fazemos isso todo o tempo.

Imagine que você teve um dia cansativo no trabalho e decidiu se juntar aos seus colegas em um *happy hour* ao lado da empresa. Ao participar dele, você precisou ligar em casa e avisar sua mulher/marido que chegaria um pouco mais tarde. Assim aconteceu e você aproveitou esse evento para relaxar um pouco.

Você colocou sua vontade de relaxar com seus colegas acima de seu sua marido/mulher, ao optar pelo *happy hour* e não ir para casa relaxar com seu cônjuge. Isso é um pequeno e simples exemplo do emprego do Coração Negro. Naturalmente não há muita relação com disciplina, mas chegaremos lá.

Agora, um pequeno exemplo do que NÃO é Coração Negro: no mesmo cenário anterior você liga em casa para PERGUNTAR para sua mulher/marido se pode ficar no *happy hour* ou não.

Independentemente da resposta, já sabemos: você não colocou seu desejo acima dos outros, logo, temos aqui nosso exemplo.

Vamos tomar agora outro exemplo de Coração Negro e também relacioná-lo com a disciplina do Wu De.

Você estabeleceu para si mesmo a meta de chegar à faixa preta em nossa escola; fez isso quando ainda era faixa branca. Usando a expressão de disciplina "Coração Negro" você passou a fazer tudo o que era necessário para cumprir seu objetivo: fez suas aulas semanais sempre que era possível realizar um treino extra com alguns colegas ou mesmo um evento ou aula especial. Procurava participar de todos os eventos oferecidos, entendendo-os como uma forma de dominar mais o Kung Fu. Fazia seus exames no tempo certo: nem logo depois de terminar a matéria da faixa em questão, nem adiava demais o processo também.

Não faltava no treino, salvo em casos muito especiais. Mesmo resfriado ou dolorido, estava lá na academia. Saía com os amigos para festas, mas nunca em excesso e jamais de forma que pudesse atrapalhar sua *performance* nos treinos. Muitas foram as horas em que seu namorado ou namorada ficou sem você, assim como o tempo que você abriu mão para estar com sua família e dar, no lugar, aquela gota de suor a mais em busca da sua meta.

E o detalhe mais importante: você nunca se preocupou em contar seu objetivo em casa ou mesmo para seus colegas de treino ou instrutores: isso era totalmente desnecessário. A meta é sua, o suor é seu, o objetivo é seu. Em que ajudaria contar seu objetivo para eles?

Sobre a situação oposta ao cenário anterior, infelizmente, colecionamos casos reais de pessoas que dizem que desejam ser instrutores aos quatro cantos do mundo. Também temos outros de pessoas que falam que "não vão parar até chegar à faixa preta" ou "vão treinar aqui para sempre". A maioria desses casos termina com uma fabulosa desculpa para justificar a desistência do aluno. E é claro que existem casos nos quais as pessoas falam e fazem, mas esses são relativamente raros.

Na mesma linha, as pessoas dizem que querem chegar ao objetivo, mas nunca perdem uma festa, abrem mão de treinar para poder aproveitar mais uma viagem, emendando um feriado ou faltando na segunda-feira seguinte "por estar muito cansado". Em tempo: nada errado em viajar, emendar feriados, etc. Mas não há como desenvolver a disciplina e muito menos o "Coração Negro" agindo sempre dessa maneira. É uma questão de escolha, em busca do que o deixará mais feliz.

Vamos voltar a um daqueles nomes citados um pouco antes, exemplos de disciplina "Coração Negro". Quando Michael Schumacher estabeleceu o objetivo de se tornar o melhor piloto de fórmula 1 de todos os tempos, ele sabia que deveria treinar fisicamente para isso, que deveria desenvolver seu conhecimento técnico, além de evoluir em sua habilidade de pilotagem.

Assim, em sua época de Ferrari, ele passava a maior parte do tempo em Maranello, na fábrica da Ferrari, treinando no circuito de Fiorano, que fica anexo à fábrica, quando isso era amplamente permitido. Quando criaram restrições de testes com carros, ele passava bastante tempo no simulador da Ferrari, além de cuidar de outras questões técnicas com engenheiros e projetistas, sem falar no tempo cuidando de seu próprio físico.

Em 2001, Schumacher fez uma volta de classificação absurdamente impossível para a época e Rubens Barrichello, então seu companheiro de equipe, descobriu como ele a tinha feito: Schumacher havia modificado o ajuste do carro nada menos que oito vezes em uma mesma volta, enquanto estava fazendo cada uma!

Ok, talvez você não seja grande fã da fórmula 1. Mas Schumacher mudou muita coisa na vida da Ferrari: graças ao desejo dele, a equipe voltou a ganhar campeonatos após muitos anos, as vendas de carros de rua da marca subiram, mais pessoas foram contratadas para trabalhar na fábrica, a engenharia dos carros evoluiu, assim como a eletrônica. Novas empresas passaram a patrocinar a equipe, gerando receita para esta e exposição de marcas para todo o mundo.

Aí vem a pergunta: Schumacher estava preocupado com o benefício que seu sucesso poderia trazer para tantas pessoas? Nem um pouco. Em seu Coração Negro, sua disciplina servia para um propósito apenas: tornar-se o maior piloto de fórmula 1 de todos os tempos.

Se ele conseguiu ou não superar nomes como Tazio Nuvolari, Ayrton Senna e Juan Manuel Fangio vai de como cada pessoa vê esse quadro.

Mas que ele está entre os grandes nomes de todos os tempos, sem dúvida está.

Assim, podemos ver a essência do Coração Negro: mesmo fazendo coisas boas (e alguns erros no caminho), ele não tinha a menor preocupação com elas. Ele estava focando a sua disciplina na conquista da sua meta.

Concluindo, a disciplina expressa em "Cara Grossa, Coração Negro", se seguida de forma correta, fará com que a pessoa automaticamente se torne diferente das demais, não em termos de destaque, necessariamente. Mas as pessoas em volta vão falar dela como sendo "meio diferente". E, como sabemos, todos os grandes feitos foram feitos por pessoas "meio diferentes". Não melhores ou piores, mas diferentes. Especialmente na expressão de disciplina em buscar um objetivo ou sonho.

Conclusão

Dentro do TSKF, vemos o Wu De como uma ferramenta de desenvolvimento marcial. Não é uma filosofia de vida, tampouco tem qualquer ligação religiosa, apesar de que muitos dos pontos aqui citados estão presentes em praticamente todas as religiões existentes. Da forma que vemos o Wu De Marcial, ele só se torna interessante se pudermos usar seus recursos em nossas lutas diárias.

Na verdade, é dessa forma que vemos o Kung Fu e também o Tai Chi Chuan: ferramentas para a luta diária de cada aluno. Algumas das lições aprendidas na jornada de treino conosco podem ser aplicadas literalmente em qualquer área da vida, como a perseverança. Outras, como o foco de um golpe, devem ser aplicadas metaforicamente na vida além da escola.

Mas independentemente de usarmos o conhecimento no sentido literal ou metafórico, para nós, o mais importante é que o aluno desenvolva o equilíbrio em todos os sentidos para obter o sucesso desejado. Não importa qual seja esse sucesso para você, mas nós do TSKF queremos fazer parte da construção da sua estrada para ele.

O Autor

Referências

Dicionário *on-line* Michaelis:
<http://michaelis.uol.com.br/>.
Dicionário *on-line* Cambridge:
<http://dictionary.cambridge.org/us/>.

Saiba mais sobre o Kung Fu do TSKF em: <www.tskf.com.br>.

Saiba mais sobre os outros livros de nossa escola em: <www.tskf.com.br/livros>.

MADRAS® Editora — CADASTRO/MALA DIRETA

Envie este cadastro preenchido e passará a receber informações dos nossos lançamentos, nas áreas que determinar.

Nome _____

RG _____ CPF _____

Endereço Residencial _____

Bairro _____ Cidade _____ Estado _____

CEP _____ Fone _____

E-mail _____

Sexo ❏ Fem. ❏ Masc.   Nascimento _____

Profissão _____ Escolaridade (Nível/Curso) ____

Você compra livros:

❏ livrarias   ❏ feiras   ❏ telefone   ❏ Sedex livro (reembolso postal mais rápido)

❏ outros: _____

Quais os tipos de literatura que você lê:

❏ Jurídicos   ❏ Pedagogia   ❏ Business   ❏ Romances/espíritas

❏ Esoterismo   ❏ Psicologia   ❏ Saúde   ❏ Espíritas/doutrinas

❏ Bruxaria   ❏ Autoajuda   ❏ Maçonaria   ❏ Outros:

Qual a sua opinião a respeito desta obra? _____

_____

Indique amigos que gostariam de receber MALA DIRETA:

Nome _____

Endereço Residencial _____

Bairro _____ Cidade _____ CEP _____

Nome do livro adquirido: ***Wu De***

Para receber catálogos, lista de preços e outras informações, escreva para:

MADRAS EDITORA LTDA.
Rua Paulo Gonçalves, 88 – Santana – 02403-020 – São Paulo/SP
Caixa Postal 12183 – CEP 02013-970 – SP
Tel.: (11) 2281-5555 – Fax.:(11) 2959-3090
www.madras.com.br

MADRAS® Editora

Para mais informações sobre a Madras Editora,
sua história no mercado editorial
e seu catálogo de títulos publicados:

Entre e cadastre-se no site:

www.madras.com.br

Para mensagens, parcerias, sugestões e dúvidas, mande-nos um e-mail:

marketing@madras.com.br

SAIBA MAIS

Saiba mais sobre nossos lançamentos,
autores e eventos seguindo-nos no facebook e twitter:

@madrased

/madraseditora